重庆文理学院学术专著出版资助

实际汇率的逻辑

财政分权与地方政府行为

李俊峰 / 著

U0819684

中国财经出版传媒集团
中国财政经济出版社

图书在版编目（CIP）数据

实际汇率的逻辑：财政分权与地方政府行为／李俊峰著．--北京：中国财政经济出版社，2023.5

ISBN 978-7-5223-2039-7

Ⅰ.①实… Ⅱ.①李… Ⅲ.①财政分散制-关系-地方政府-政府行为-研究-中国 Ⅳ.①F812.2②D625

中国国家版本馆CIP数据核字（2023）第039554号

责任编辑：贾延平　　　　责任校对：张　凡
封面设计：陈宇琰　　　　责任印制：刘春年

实际汇率的逻辑：财政分权与地方政府行为
SHIJI HUILYU DE LUOJI: CAIZHENG FENQUAN YU DIFANG ZHENGFU XINGWEI

中国财政经济出版社 出版

URL：http://www.cfeph.cn
E-mail：cfeph@cfeph.cn

社址：北京市海淀区阜成路甲28号　邮政编码：100142
营销中心电话：010-88191522　编辑部电话：010-88190957
天猫网店：中国财政经济出版社旗舰店
网址：https://zgczjjcbs.tmall.com
北京财经印刷厂印刷　各地新华书店经销
成品尺寸：170mm×240mm　16开　12.25印张　180 000字
2023年5月第1版　2023年5月北京第1次印刷
定价：62.00元
ISBN 978-7-5223-2039-7
（图书出现印装问题，本社负责调换，电话：010-88190548）
本社质量投诉电话：010-88190744
打击盗版举报热线：010-88191661　QQ：2242791300

引　言

在政府行为与实际汇率的相关研究中，政府支出在不可贸易品和可贸易品部门的分配是政府行为与实际汇率研究中重要的切入点，即政府支出偏向于不可贸易品时，会导致实际汇率升值，反之，偏向于可贸易品时，会导致实际汇率贬值。但是，政府行为与实际汇率的关系并未在学界形成一致的结论，可能的原因是现有文献将政府行为物化为财政支出或者消费，并未全面揭示及定位政府行为在实际汇率决定框架中的作用，特别是中国地方政府行为与实际汇率的关系在现有研究中鲜有涉及。在中国政府职能转型的进程中，地方政府在经济事务中仍残存着政府管制的影子，其不仅通过支出偏向的渠道影响实际汇率，还会根据地方政府的效用、约束条件共同产生的具体行为，影响实际汇率的走向。因此，本书基于财政分权背景下中国地方政府行为对实际汇率的影响进行研究，具有重要的理论和现实意义。

首先，本书的研究有助于从中国国情出发理解地方政府行为对实际汇率的影响，从而完善政府行为与实际汇率研究的框架。其次，本书系统诠释了中国式财政分权给地方政府行为带来的变化，阐述了中国实际汇率的变迁。最后，本书是对既有实际汇率研究理论的拓展。巴拉萨－萨缪尔森效应（Balassa－Samuelson Effect）是实际汇率研究工作的基石，其架构在相当苛刻的假设之上。对于中国这个发展中的大国，市场的现实分割、城乡间显性或隐性的户籍壁垒都会使一些理想化的模型在中国经济问题上“水土不服”，再叠加地方政府的竞争与模仿、经济结构的失衡问题，实际汇率的决定问题会变得更为复杂。因此，从中国现实的国情出发，立足于财政分权背景下地方政府的行为，可以深刻理解中国的实际汇率问题。

自 1994 年中国分税制改革以来，中国各级政府的财政分权框架日趋稳定，让中国获得了 20 多年的政策红利，为中国经济的腾飞提供了可靠的制度保障。这一阶段的中国式财政分权，围绕着各级政府的财权事权关系，对地方政府的行为产生了多方面的影响，也通过“政府之手”深刻地影响了经济体的运行与发展，从而对实际汇率产生了相应影响。财政分权指中央政府基于财政框架，赋予地方政府一定程度的自主裁决权。

“分税制”改革以来，从财政自由度视角看财政分权，各省的财政自由度水平是下降的；从省级政府的收入分权和支出分权视角来看，东部沿海发达地区的收入和支出分权水平普遍高于大多数西部地区，且收入分权大于支出分权的省份数量逐年减少，各省的财权有向省级政府集中的趋势；从中央政府与地方政府的收入分权来看，地方政府在税收收入中的实际分成比例呈现了先下降后上升的“U”形状态，这很大程度上得益于 2012 年起开始试行的“营改增”改革。

从不同视角了解的财政分权程度的变化看，背后的逻辑是各级政府间财权事权关系的变迁，进而主导了地方政府行为的演变。伴随着政府间财权的上移与事权的下沉，地方政府原本的信息优势随着财政裁量权的缩水而大打折扣，取而代之的是中央政策引导下的同质化竞争。同时，伴随着财政压力的陡增，要素资源与经济发展之间的耦合关系被破坏了。为了保障本地财源并培养新的税基，地方政府有动力扭曲要素市场价格，实现其税收利益。相比可贸易品部门，绝大部分服务业部门难以形成全国性市场，地方政府可以使用其行政权力在服务业等不可贸易品部门形成要素的“区域性的卖方市场”，进而扭曲要素资源的配置状态，降低企业劳动生产率水平，从而导致实际汇率贬值。

“分税制”式的财政分权使地方政府拥有了一定的地方财政利益，促使其更广泛地参与经济活动，市场分割便是地方政府参与经济活动的产物之一。地方政府为了区域经济利益，通过制度性措施扭曲区域间的商品流通渠道，人为地制造了市场分割状态。这种以邻为壑的分割市场策略引起了地方政府间分割市场的竞争，使地方政府为满足本地经济利益而迟滞了全国经济一体化的进程。分割市场在客观上导致了人民币实际汇率的升值，阻碍了人民币汇率市场化机制的形成，推升了省际贸易成本，迫使部分企业选择出口以替代省际贸易，扭曲了中国企业的出口决策路径。本书研究发现，分割市场从“分配效应”“竞争效应”“制度环境效应”的角度对实际汇率产生影响。

在当前财政分权体制下，分割市场表现为各省保护区域内企业免于区域外企业的竞争，进而形成区域市场优势。市场分割程度越高，“分配效应”的地域优势条件越充分，其越能够通过替代弹性影响区域内商品的需求，从而导致实际汇率升值；国内市场分割使国内贸易成本与国际贸易成本直接存在代差，且地方政府对区域内企业扭曲的补贴行为，通过“竞争效应”激励了出口行为，出口商品价格的降低提升了商品在国际市场的需求和竞争力，通过收入效应使实际汇率升值；制度环境效应使服务业承担了更高的租金压力，从而转嫁给最终消费者，造成不可贸易品相对可贸易品部门的价格上涨，即内部实际汇率升值。

中国的财政分权体系，不仅是政府实现税收权益的工具，也是平衡区域间利益关系，实现经济体高效率运作的重要手段。税收作为调控地区经济发展的重要工具，地方政府的税收努力程度可以通过干预税收征管、差异化企业实际税率等方式体现出来，以实现对区域经济的宏观调控。在技术水平一定的情况下，当政府实际税收努力程度低于税收带来的基础设施弹性占比时，即如果政府通过税收搭建的基础设施给不可贸易品部门带来了更高的基础设施产出弹性，则会提升不可贸易品部门相对可贸易品部门的劳动生产率，从而导致实际汇率贬值。

本书通过面板数据模型考察了税收努力对实际汇率的影响效应，政府税收努力程度的提升会显著导致实际汇率贬值。随后本书通过更换税收努力指标及考虑内生性问题，重新进行了实证检验，结论一样。在对影响机制的考察中，税收努力通过相对劳动生产率渠道与居民消费渠道影响了实际汇率。通过追溯政府税收努力的动机，我们发现地方政府的财政自由度差异是导致地方政府税收努力差异的重要原因。

本书为我们展示了四个创新点：

第一，本书将财政分权背景下的政府行为具象化，取代了以往研究中将政府行为简化为财政收支的做法，系统阐述了财政分权背景下地方政府的行为逻辑，实现了“政府什么行为正在发生”向“政府行为如何发生”的方向转变，构建了要素市场扭曲与实际汇率、分割产品市场与实际汇率、税收努力与实际汇率的理论及实证分析框架，系统诠释了地方政府行为与实际汇率的关系。

第二，本书阐述了“要素市场扭曲”的形成机理，解释了政府行为的相应动机。

第三，本书提出了分割产品市场对实际汇率的影响方式是“分配效应”“竞争效应”“制度环境效应”，从居民家庭需求层面、企业层面及制度层面回答了“为什么市场分割会带来价格扭曲及实际汇率升值”的问题。

第四，本书首次构建了包括政府税收努力行为的实际汇率理论分析框架，系统诠释了地方政府税收努力与实际汇率的关系，并且提出了税收努力对实际汇率的两条传导渠道：相对劳动生产率与居民消费。

虽然本书在政府行为与实际汇率的研究中提出了很多的创新点，但仍存在今后努力的方向。

第一，本书对财政分权背景下的政府行为研究仅局限于政府对要素市场的扭曲、分割产品市场、税收努力等方面，其实，政府行为的内涵和外延却远不止于此。

第二，由于数据可得性存在不足，本书实证检验的时间跨度稍有不同。

第三，本书的研究局限于 1994 年“分税制”改革之后的地方政府行为与实际汇率的问题，对之前的相关问题并未讨论。

下面我们就开始探索之旅吧！

目　录

1. 我国的实际汇率问题

1.1 研究实际汇率的背景和目标

1.1.1 研究背景

自1994年中国“分税制”改革以来，中央及地方政府的财政关系走向逐渐清晰。“分税制”的实施终结了1950年以来纷繁复杂的央地财政关系，时至今日，财权事权关系均较为稳定。“分税制”作为改革开放之后出台的深刻影响中国经济和社会命脉的财政制度，是中国财政分权制度的顶层设计及实施逻辑的基础，对社会经济的方方面面产生了影响。在多级政府框架下，中国的财政分权制度以财政收支为纽带，遏制了地方政府竞争、官员政治晋升、财权事权扭曲等现象，也深刻激发了社会的经济活力，使以GDP增长为纲的地方政府竞争策略得以实行，并促成了改革开放以来中国经济高速增长的局面。同时，被经济利益与政绩驱动的地方政府在税收、市场等问题上与公共利益和中央政府利益产生分歧，产生了形形色色的社会经济问题（如环境问题、市场分割问题、土地财政问题、乡镇企业衰落问题①）。

内部实际汇率（以下简称“实际汇率”）作为一国生活成本、要素流动的价格信号，会受到多级政府财政框架下政府间竞争的影响。区域内的

---

① “分税制”实施之后，地方政府藏富于企业的动力消失，乡镇企业衰落。

公共政策（财政支出、税收安排）不仅会影响政治管辖区内部的劳动力、资本流动，还会被同级政府模仿，形成区域间政策的渗透及竞争，使实际汇率作为价格信号的形成背景变得日趋复杂。

改革开放以来，市场化取向是中国经济高速增长的最重要的推动因素（卢锋，2006），市场化诱发了经济主体间广泛的竞争，使能够影响市场经济运行的各级政府不能置身事外。地方政府在 GDP 竞争及“晋升锦标赛”的压力下，选择了在财税及产业政策上对特定目标进行支持的发展策略，获得了源源不断的经济增长动力。同时，部分群体则承担了政府发展策略的政策成本（付才辉，2017）。“政府之手”对经济的干预改变了市场主体的平等地位，使未获得“政策眷顾”的市场主体不断向获得“政策眷顾”的群体流动，使市场产生了政策租金，造成了政策性异质性群体的对立，还使政府行为成为市场观望的风向标。地方政府以补贴性基础设施、宽松劳动力供应及环境管制等政策去吸引、扶持制造业部门落户发展，同时将政策成本转嫁给本地服务业部门。地方政府对制造业与服务业的政策差异搅动了要素资源的流动方式，最终影响了实际汇率。

中国是一个经济和地域大国，涵盖了 34 个省级行政区、300 多个地级行政区及 2800 多个县级行政区，财政分权政策的影响会通过政府层级的体系输送到经济体的每一个“细胞”。同时，由于区域经济的禀赋存在差异，不同层级地方政府的战略选择也有差异，区域经济体间会形成竞争、模仿甚至分割，这样使既定的政策管道及资源配置状态变得扭曲。虽然财政分权背景下，政府的行为是复杂的，但以财税关系为主线，我们可以绘制出地方政府的行为脉络，为后续实际汇率研究奠定基础。

中国的实际汇率问题在 20 世纪 80 年代开始受到学者们（王传伦，1986；罗清，1988）的关注，在对外出口等外向型政策的研究和分析中，实际汇率问题被最早提出。随着中国经济的稳定高速增长，经常项目、资本项目双顺差节节攀升，人民币升值压力越来越大，中国经济内外部的调整压力使我国必须重新认知实际汇率问题。财政分权制度是改革开放之后深刻影响中国经济体每一个“细胞”的财政制度，对实际汇率的重要性不言而喻。作为价格调整后的汇率，实际汇率受国内经济波动的影响很大。中国“分税制”式的财政分权制度，为实际汇率的形成、变动勾勒出整体轮廓，多层级的各级地方政府，又为实际汇率的状态增添了浓重的区域特色，从而使实际汇率研究成为国际金融领域热点研究课题。

总体来讲，中国的实际汇率问题主要涉及两大类。一类是探讨人民币的均衡实际汇率，即内部和外部同时实现均衡的实际汇率，研究实际汇率的错位程度。该研究主要通过 HP 滤波、政策模拟仿真、协整等方法测算均衡实际汇率，进而得出其错位程度（林伯强，2002；秦宛顺等，2004；冉茂盛等，2005；徐国希等，2005；陈云等，2009）。另一类是行为均衡汇率理论，该理论通过选择合适的解释变量（如生产率、政府支出、国际环境等）来解释实际汇率的变动，而非通过宏观经济模型推导得出（林伯强，2002）。2010 年之后，此类研究成果开始涌现，财政支出（张少华等，2010）、人力资本结构（杨长江等，2010）、城乡劳动力市场分割（徐建炜，2012）、人口年龄结构（马丹，2014）、收入平等性（杨长江等，2014；梅冬州等，2020）、出生率（陆前进，2017）等变量被纳入解释实际汇率变动的框架中。然而，基于财政分权视角的实际汇率研究并未得到系统的研究，需要进一步拓展。

本书关注财政分权背景下地方政府行为对实际汇率的影响。现有的研究证实，财政分权与经济结构（王文甫等，2020）、经济增长（詹新宇等，2020）、税收政策（石绍宾等，2019）等因素息息相关，因此，重构财政分权背景下地方政府的行为模式对实际汇率的影响的研究很有意义。

1.1.2 研究目标

本书的研究目标为考察“分税制”改革之后财政分权背景下地方政府行为对实际汇率的影响。之所以立足于“分税制”之后的财政分权背景，是因为 1994 年后“分税制”式财政分权制度与之前的“统收统支”“以收定支”“财政包干”等时期的财政制度实行的时间长且运行相对稳定，时至今日，该制度仍有重要的指导意义。

本书把研究目标细化为以下几个子目标。

第一，厘清财政分权制度的脉络。“分税制”式的财政分权制度经历了漫长的央地财政体制探索之后逐渐成形并完善，其形成轨迹勾勒了中央与地方政府间利益博弈、财权事权关系的演变过程。因此，现有的财政关系既是对历史财政关系的完善，也面临新的经济环境的挑战。厘清财政分权制度的脉络，有利于我们从历史中学习经验，以应对未来的挑战。

第二，测算中国省际的实际汇率。实际汇率的精确性受到测算方式、选择指标等因素的制约，不同的实际汇率其内涵指向也大有不同。本书通过对各种实际汇率指标的讨论，厘清各实际汇率的含义及它们之间的关联，以便更准确地测算省级内部实际汇率的水平。

第三，分析财政分权背景下特定的政府行为对实际汇率的影响。给定财政分权制度及实际汇率的内涵之后，本书研究了财政分权制度下可能会对实际汇率造成影响的政府行为特征。政府作为多层级多目标的组织，其行为模式会在某些层面对实际汇率造成冲击，但该行为应是在财政分权背景下特有的或者被强化的行为。本书试图从政府要素市场扭曲、分割产品市场及地方政府税收努力的视角分析地方政府行为对实际汇率的影响。

1.1.3 研究意义

以财政分权为背景探究地方政府行为对实际汇率的影响具有重要意义。

首先，该研究有助于从中国视角理解政府行为对实际汇率的影响。改革开放以来，财政分权制度作为中国关键性的经济制度安排，深刻影响着政府行为，改变了总供给和总需求，推动了中国经济的增长。但同时，财政分权制度也为中国经济集聚了众多风险，加剧了经济体结构性的失衡（王文甫等，2020）。现有关于政府行为与实际汇率的论述中，众多学者多从“政府支出”的视角对实际汇率进行了研究。陆前进、温彬（2014）以消费者效用最大化为研究对象构建了实际汇率模型，发现政府支出的增加会使居民消费减少。在居民跨期效用最优的条件下，其边际效用上升会导致经济体内部实际汇率贬值；林峰、赵焱（2018）使用时变参数结构向量自回归证实财政冲击既可能使人民币实际汇率升值，也可能使该实际汇率贬值；高慧清、张碧琼（2020）使用符号约束的 SVAR 模型研究发现，财政支出扩张会导致人民币实际汇率升值。然而，现有的关于政府行为与实际汇率的研究文献的结论并不统一，本书则试图从政府行为及政府行为逻辑的视角分析政府行为对实际汇率的影响，完善政府行为与实际汇率的研究框架。

其次，本书系统诠释了中国的财政分权给经济社会带来的影响。“分税制”改革以来，中央政府与地方政府的财权事权关系逐渐稳定，经济主体在此基础上不断校正自身的效用函数，并由此衍生出众多的社会经济问题。“分税制”式的财政分权制度，刺激了地方政府发展经济的积极性，推行了以 GDP 为纲的竞争策略，也催生出市场间的分割问题、地方政府对上级政府转移支付的依赖问题及地方对税收的隐匿问题，这些都深刻影响着社会经济主体的效用水平。政府行为对经济社会特别是实际汇率的影响是多方面全方位的，因此，系统诠释中国财政分权对经济社会的影响，将有助于预测未来中国实际汇率的变迁。

最后，本书对既有实际汇率研究的理论进行了拓展。巴拉萨 - 萨缪尔森效应（Balassa - Samuelson Effect）是实际汇率研究工作的基石，众多学者在此基础上对中国实际汇率问题进行了广泛深入的研究。巴拉萨 - 萨缪尔森效应（以下简称“巴萨效应”）认为，可贸易品部门劳动生产率的提升会使可贸易品部门的工资提升。由于劳动力价格在一国范围内会因为劳动力的自由流动而趋于一致，使不可贸易品相对可贸易品价格上升，从而导致实际汇率升值。巴萨效应建立在相当苛刻的假设之上，对于中国这个发展中大国来说，市场的现实分割、城乡间显性或隐性的户籍壁垒都会使巴萨效应在中国经济问题上水土不服。同时，地方政府的竞争与模仿，使实际汇率的变动背景更为复杂。因此，从中国的现实问题出发，立足于财政分权背景下地方政府的行为，更适合中国的实际情况，也进一步拓展了实际汇率的研究领域。

1.2 寻找研究实际汇率的思路

1.2.1 研究思路

“分税制”改革之后，中国各级政府在产业政策、税收政策及基础设施建设等方面的行动为本书检验政府行为对实际汇率的影响提供了良好的理论支撑和实证环境。1994年以后实施的“分税制”改革，实质是财政收入上移而支出责任下沉的权责再分配过程，颠覆了改革开放初期“财政包干制”作为标志的“中国式保护市场的财政联邦主义”，是地方经济发展壮大的理论根基（陶然等，2009），促使学者们从新的视角来探寻，在财政集权的财税体制下，地方政府保障本地经济增长的激励来源。至今，“分税制”改革已实施近30年，期间发生了1997年亚洲金融危机、2001年我国加入WTO、2008年世界经济危机、2015年“811”汇改等事件，世界经济状况日益复杂，所以我们很难从中分离出“分税制”背景下我国政府行为对实际汇率的净效应。但是，可以观测的是，首先，随着财政关系的变革，地方政府对制造业投资的竞争愈演愈烈，为制造业企业提供的低价土地成本与本地高昂的商住用地成本形成了鲜明的对比，形成了事实上的要素市场扭曲。其次，财政分权体制下，地方政府通过掌控的经济资源和行政权力，以财政补贴、税收优惠、金融管制、项目审批权等手段，人为地设置市场进入和退出壁垒，引导企业将资源配置到促进增长经济的生产性投资项目上（吴延兵，2017）。最后，地方政府使用税收干预权力，在企业法定税率和实际税负水平之间形成了可操作空间（高培勇，2006），使地方政府可以根据其财政失衡程度调节自身税收努力的程度（储德银等，2019）。这些现象级的问题，皆是在“分税制”改革之后形成或者加剧的，因此，本书从上述三个角度，系统考察财政分权背景下，地方政府行为对实际汇率的影响。

第一章介绍了本书的研究背景、意义及研究思路。

第二章是理论基础及文献综述。本章回顾了财政分权理论及实际汇率理论的相关文献，从三个方面梳理了这两部分理论，有助于我们理解财政分权背景下的政府行为对实际汇率的影响机制。第一部分是财政分权理论，概括了第一代和第二代财政分权的理论内涵，及财政分权与公共产品、市场分割、财权事权划分、土地财政等问题的关联；第二部分是实际汇率理论，总结了实际汇率的概念、巴萨效应等理论的研究内容；第三部分梳理了财政分权与实际汇率相关联的文献，通过“财政分权—生产率”渠道和“财政分权—政府支出”渠道梳理了财政分权及政府行为对实际汇率的影响机制。

第三章是中国式财政分权的背景阐述。本章第一部分详细阐述了新中国成立之后“统收统支”“划分收支、分级管理”等阶段的中国财政改革的历史变迁进程；第二部分测度了中国财政分权的水平，包括财政自由度测度、省级政府收入分权和支出分权测度、中央政府与地方政府整体的收入分权测度；第三部分阐述了财政分权背景下地方政府的行为逻辑，并提出了地方政府的三个行为：要素市场扭曲、分割产品市场及税收努力，系统阐述了地方政府行为产生的现实原因；第四部分阐述了地方政府行为与实际汇率的关系；第五部分分析了地方政府行为选择与政策目标的冲突，分析了地方政府行为产生的制度原因。

第四章对实际汇率的概念进行了阐述。本章第一部分介绍了实际汇率的定义；第二部分对外部实际汇率、可贸易品实际汇率与内部实际汇率的关系进行了分析；第三部分采用不同方法测算了实际汇率及其内涵；第四部分对中国实际汇率及分省实际汇率进行了测算。

第五章从要素市场扭曲的角度研究了实际汇率，地方政府利用行政权力形成要素的“区域性的卖方市场”符合“要素市场扭曲”的特征。本章从政府对要素资源的引导和干预角度分析了政府对实际汇率的影响。本章首先对地方政府扭曲要素市场影响实际汇率的渠道进行了理论分析，其次使用面板数据模型对理论构想进行了基准回归，并进行了稳健、内生性及机制检验，最后给出了研究结论。

第六章从地方政府分割市场的角度研究了实际汇率。市场分割是地方政府参与经济活动的产物之一。“分税制”背景下的财政分权制度，激励地方政府通过限制国内产品的跨区域流动，形成区域范围的经济优势，力图在“晋升锦标赛”中获胜。本章首先构建了关于分割市场与实际汇率的理论分析框架，其次通过基准模型、内生性模型印证了理论模型的合理性，最后给出了分割市场能促使实际汇率上升的研究结论。

第七章从地方政府税收努力的角度研究了实际汇率。中国的“分税制”改革在弱化了地方政府的收入权的同时并未降低其支出责任，导致地方政府征税收益降低，从而影响其税收努力程度，而税收努力程度又直接与厂商的利润函数、居民消费水平息息相关。因此，本章首先构建了包含税收努力与实际汇率的理论模型，其次实证检验了该理论模型的合理性和稳健性，最后探讨了税收努力差异的来源。

最后一章是全书的结论和政策建议，对各章节的研究结论进行了回顾和总结，从而提出了合理有效的政策建议，并指出未来可能继续研究的方向。

根据以上框架分析，可绘制本书的研究技术路线图（见图1-1）。

1.2.2 研究方法

本书对三个核心问题的研究均采用了理论结合实证的方法。对于第一个问题“扭曲要素市场对实际汇率的影响”与第二个问题“分割产品市场对实际汇率的影响”，本书根据现有的文献进行了归纳总结，提出了相应的理论假设，然后进行了实证检验；对于第三个问题“税收努力对实际汇率的影响”，本书则在已有理论模型的基础上进行了改进，得出相应的结论，并进行了实证检验。

第一种研究方法，即理论分析。本书的理论分析部分强调从已有文献或者理论模型中构建自身的研究框架。

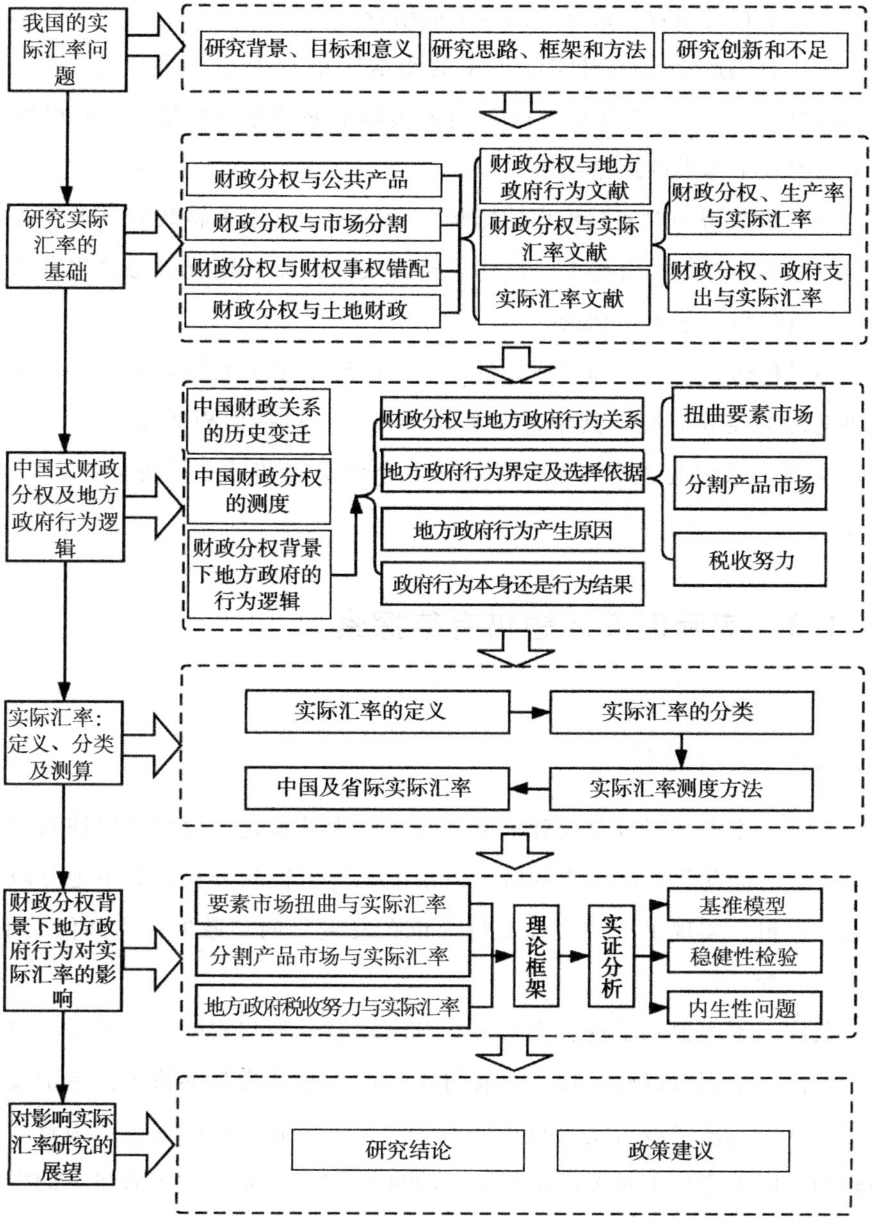

图 1-1　技术路线

在"扭曲要素市场对实际汇率的影响"的研究中，从"要素市场扭曲"理论中提炼了关于"信息优势"及"创新活动"的理论要点，与实际汇率进行了有机结合，最终得出本书的结论。

在“分割产品市场对实际汇率的影响”的研究中，将“分配效应”“竞争效应”及“制度环境效应”纳入实际汇率的分析框架中，并根据已有文献解释了本书的理论结果。

在“税收努力对实际汇率的影响”的研究中，本书将政府寻求经济增长与最优税收努力结合起来，构建了包含实际汇率、税收努力的政府效用函数，最终得出了本书结论。

第二种研究方法，即实证分析。本书广泛使用了面板数据模型对理论模块进行了经验研究。其中，涉及的研究方法包括面板固定效应（双固定）模型、系统与差分 GMM 模型、中介效应三步法、异方差工具变量法等。

1.3 实际汇率问题仍有待探索

1.3.1 研究创新

首先，本书将财政分权背景下的政府行为具象化，取代了以往研究中将政府行为简化为财政收支的做法，系统阐述了财政分权背景下地方政府的行为逻辑，实现了“政府什么行为正在发生”向“政府行为如何发生”的方向转变。

其次，本书揭示了现有文献未能得出政府行为与实际汇率关系一致结论的原因。根据对财政分权、政府与实际汇率相关文献的梳理，本书发现大多数文献关注了政府支出与实际汇率的关系，而对政府支出行为背后的逻辑与实际汇率的关系关注得较少。1994 年“分税制”改革背景下的财政分权，政府行为受到财政收支压力、GDP 考核压力等因素的制约，其行为模式会从商品和要素市场、企业效用、地方政府效用等渠道影响实际汇率水平。本书分别检验了政府对要素市场的扭曲、分割产品市场、税收努力等行为对实际汇率的影响，发现这些政府行为对实际汇率的影响方向并不一致，从而揭示了现有研究并未对政府行为与实际汇率之间关系得出一致结论的原因。

最后，本书研究指出了政府行为对实际汇率的影响渠道，并采用实证模型对理论假设进行了验证。本书指出了扭曲要素市场对实际汇率影响的传导渠道，使政府行为对实际汇率的理论研究更为完善；在分割产品市场对实际汇率影响的研究中，本书提出了分割产品市场对实际汇率的影响方式是“分配效应”“竞争效应”及“制度环境效应”，从居民家庭需求层面、企业层面及制度层面回答了为什么市场分割会带来价格扭曲及实际汇率的提高；在税收努力对实际汇率影响的研究中，尝试构建了包括政府税收努力行为的实际汇率理论分析框架，系统诠释了地方政府税收努力与实际汇率的关系，指出了税收努力对实际汇率的两条传导渠道：相对劳动生产率与居民消费。

1.3.2 不足之处

目前，本书仍然存在一些缺陷和不足之处。首先，政府行为局限于政府对要素市场的扭曲、产品市场分割、税收努力等方面，但政府行为的内涵和外延却远远不止于此；其次，由于数据可得性不高等原因，本书每节实证检验的时间跨度稍有不同；最后，本书的研究局限于1994年“分税制”改革之后的地方政府行为与实际汇率的问题，对1994年之前的相关问题并未讨论。

2. 研究实际汇率的基础

2.1 财政分权与地方政府行为

财政分权（Fiscal Decentralization）指中央政府划分部分财权和事权范围给地方政府，使地方政府在该范围内拥有自主裁决权的制度安排。财政分权理论源于 Tiebout（1956）发表的经典论文《地方支出的纯理论》（*A Pure Theory of Local Expenditures*）。Tiebout 提出，在给定居民偏好及资源禀赋下，居民的自由迁徙引发的地方政府竞争会显示出居民的真实偏好，由地方政府提供公共产品是解决“缺乏市场工具解决公共产品支出水平”问题的最优方式。后来，该理论不断发展，出现了第一代财政分权理论与第二代财政分权理论。

第一代财政分权理论又称为财政联邦主义，其代表人物为 Tiebout（1956）和 Oates（1972）。他们的核心观点为，在财政的资源配置、收入分配与宏观经济稳定三大政府职能中，地方政府由于其财力所限，只应分担资源配置的职能，后两项职能则应由中央政府承担。由于不同地域的居民偏好存在差异，相比于中央政府，地方政府拥有更强的信息优势，由地方政府承担资源配置的职能可以提升资源配置效率和社会福利水平，而且居民偏好的异质性程度越高，地方政府承担资源配置职能的优势就越明显。第一代财政分权理论认为市场失灵会造成“公地悲剧”，政府作为公共利益的守卫者，应进入这些领域提供公共产品，并应通过适当分权来寻求公共福利的最大化。

第二代财政分权理论的起源和代表是“市场保护型”财政联邦理论，在分权框架下，该理论引入了激励相容与机制设计学说，是微观经济学最新研究在公共财政学中的运用，其代表人物有 Weingast（1995）、Qian（1997）等。蓬勃发展的市场不仅需要经过适当设计的经济系统，还需要一个安全的政治基础来限制国家侵吞财富的能力。这需要限制政府的权力，构建可信的尊重经济和政治权力的政治制度（Weingast，1995）。Qian 和 Weingast（1997）提出，第一代财政理论忽视了激励政府公务人员的问题，即政府如何致力于提供有效的服务、公共产品和保护市场的激励措施。于是，广受企业激励理论影响的第二代联邦制财政理论被提出。首先，国家必须保持积极的市场激励机制，以奖励经济上的成功。因为当政府征收太多的收入和财富时，个人就不再有采取承担风险和进步的动力；其次，政府还应有激励措施以惩罚负面的市场行为，否则个人就没有动力避免资源浪费和错误。

联邦制政府通过信息和权力分配，可以构建积极的激励机制以限制国家征收行为及预算软约束行为，各地方政府之间的竞争有助于限制政府的征收性，资源在各地区的流动限制了地方政府拯救劣质公司或浪费公共支出的行为。这种财政体系联邦制的存在依赖两个条件：第一，中央政府必须有足够的能力来监管下级，以预防并惩处地方政府推卸责任的行为；第二，下级政府具备反制中央政府滥用权力的能力。

在涉及中国的财政分权问题时，Qian 和 Weingast（1997）提出，中国通过中央及地方的权力下放实施经济改革，并取得了成功，原因在于中央政府默许地方政府拥有各种预算外的收入，且不受中央政府监管（或监管成本很高），同时，如果中央政府通过通胀或税收方式与地方争利，其政治成本又很高，这种模式激励了地方政府努力发展经济。总之，市场保护型的财政联邦主义反对传统财政联邦主义理论的政府模型假设，其理论立足点是：好的政府结构可以保障市场高效率运转，应在政府治理结构体系中构建相应的激励机制，形成维护市场效率的良性政治支持系统。中央政府和地方政府各司其职，在运行和维护市场机制的进程中都要行使各自的权力，承担各自的义务，市场主体则从市场的发展中获得收益（边维慧、李自兴，2008）。

2.1.1 财政分权与公共产品

政府实行财政分权的动机并不单一，大多数国家是通过财政分权提升经济效率、精简公共部门的，而一些国家则希望摆脱计划经济的状态。最早关于财政联邦制及政府间财政转移的关键文献见于 Tiebout（1956）和 Musgrave（1959）论文，他们提出的财政分权问题，指的是政府间核心领域的税收、支出的分配关系如何促进效率的提升。Oates（1972）提出了财政分权的政策意义，他认为，当区域间存在异质性且外溢效应较小时，各级政府应以分散化的方式提供公共产品，有助于居民福利水平的提升。林毅夫、刘志强（2000）研究发现，财政分权程度高的省份更重视本地基础设施投资，从而提升区域内其他类型资本的生产率水平。与中央政府相比，省级政府在获取当地需求信息方面具有一定的优势，从而更有能力满足当地居民对公共产品和服务的需求。

财政分权虽然能够提高地方政府的公共产品供给水平，但也拉大了各区域间及区域内部不同类别公共产品供给水平的差异，因此，省以下财政分权并不等价于各县财政资源的等量增加，也不意味着地方政府财力的提升。随着经济的发展，先天禀赋差的地区与禀赋较好的地区的差距越来越大，导致各地区公共产品供给能力的差距逐渐拉大（席鹏辉、梁若冰，2014）。即使在同一地区，财政分权背景下，地方政府对城市和农村公共产品的供给也会有差异，地方政府对农村地区的公共产品的供给会大打折扣。虽然中国的户籍制度改革正在稳步推进，但农村居民的自由流动性受到隐性户籍制度壁垒的限制，且农村居民对官员的考核机制并不完善，无法对官员形成有效的激励和制约，使农村居民的诉求与利益难以进入官员的考量范围，导致财政分权体制在农村公共产品供给方面存在一定的负面效应（王晔、臧日宏，2014）。近年来，农村地区民主程度的提高和媒体资源的广泛介入，在一定程度上推动了公共产品供给的增加（刘成奎、桂大一，2009）。

财政分权背景下，地方政府的投资功能是弥补市场缺陷，为经济增长创造有利条件，但同时也引致了地方政府之间的投资竞争。在规划本地经济增长计划时，地方政府热衷于投资经济性项目，甚至不顾本地的经济环境和要素禀赋，片面追求地方经济结构的轻型化和地区间产业结构的同构化，使地方公共品供应匮乏的现象与地方投资范围不清、投资规模膨胀现象同时出现（邓晓兰，2006）。虽然，众多研究将公共产品的不足或不均衡归因于财政分权，但财政分权本身并不是中国基本公共服务发展滞后的关键因素。理论上，财政分权政策提升了地方政府的可支配财力，促进了公共服务的发展。但是，由财政分权引致的地方政府间的竞争，从而产生的负面效应超过了其正面效应，这是导致公共产品不足的原因之一（卢洪友、卢盛峰、陈思霞，2012）。

在财政分权体制下，公共产品的非排他性特征也会产生外部性问题。财政分权体制下，各区域间的财政竞争及外部性难以内部化（马恩涛，2009）。教育是典型的具有外部性特征的公共产品，区域间人口的迁移使教育的正外部性日益显著。当地方政府具备较强的财政分权实力时，会减少教育类公共产品的投资。由于低龄教育具备更强的外部性，有限的教育资源会被更多地投入中等教育中，基础教育则处于被忽视的处境（罗伟卿，2010）。因此，根据公共产品的受益范围量化各级政府的事权范围，并以法律法规的形式明确职责权限，可以缓解这种外部性问题（陈少晖、李丽琴，2013）。

2.1.2 财政分权与市场分割

财政分权会刺激地方本位意识的觉醒。财政分权程度越高，地方政府越有动机为了维护本区域内的利益而去分割市场，使中央政府推进全国经济一体化的进程缓慢（刘小勇、李真，2008）。虽然财政分权对东、中、西部的经济增长都具有促进作用，但由此产生的市场分割问题削弱了这种促进作用。由于东部地区一体化格局程度较高，使市场分割对东部地区经济增长的削弱效应高于中西部地区。当然，财政分权对东部地区的经济促进效应高于中西部地区（李国璋、刘津汝，2010）。分权之所以会产生市场分割问题，原因在于，财政分权背景下的“晋升锦标赛”激励地方政府追求大而全的工业体系，扶持本地资本的发展壮大，使财政分权程度与地方保护主义呈现正相关的趋势，导致地方经济趋于自给和非专业化（马光荣、杨恩艳、周敏倩，2010）。

财政分权体系中，并非所有分权程度的扩大都会导致市场分割程度的上升。刘小勇、李真（2008）研究发现，以财政自给率衡量的收入分权会提升市场分割程度，而以非国有工业企业总产值比重衡量的经济分权则会降低市场分割度。这是由于财政分权程度越高，地方财权越大，中央的宏观调控政策的实施难度越大；经济分权程度越高，市场的力量越大，企业就越可能通过各种合作方式绕过地区贸易壁垒。任志成等（2014）也认为，财政收入分权会提升市场分割程度，而财政支出分权则会降低市场分割程度。其原因在于，收入分权使基层政府从税基保护中获得了财政利益，从而激励基层政府采取以邻为壑的市场分割政策；而支出分权激发了地方政府的生产性支出倾向，地方政府兴建的基础设施降低了流通成本，加速了市场一体化进程。

虽然财政分权体系下产生的市场分割对地方经济发展并不十分有利，但却是经济欠发达地区政府的理性选择。这些地区的地方政府选择分割市场可能是为了在未来提高不利的经济地位，获得“动态比较优势”，即使失败亦有谈判的空间。在强大的中央政府的财政分权体系下，财政转移支付可以间接缓解市场分割问题（范子英、张军，2010）。财政分权是地方政府实施市场分割策略的必要条件，在该策略面临的处罚概率较小、程度较低的状态下，地方政府才会真正实施分割市场的策略（刘小勇，2012）。对于经济体而言，以种类繁多的地方保护主义政策形成的市场分割态势会限制产品、服务的市场范围，遏制区域协作分工，降低产品专业化程度，并长期破坏经济发展环境（王永钦、张晏等，2007）。

2.1.3 财政分权与财权事权错配

1994 年以来的“分税制”改革明确了中央与地方的财政关系，基本保障了中央政府的财权与事权需求，省级及以下政府则出现了财权与事权错配的问题。中央政府与地方政府关于财权的划分，基本依照“分税制”为核心的财政预算管理机制。中央政府希望扩大税基以增加财政收入，而地方政府则希望通过预算外收入的渠道截留财政收入；在事权的划分上，中央政府下放了小部分权限，地方政府则根据这些事权进行决策和管理。地方政府希望增强自身财力，其行为动机是“地方利益最大化，这种目标指导下各地方逐利行为极可能偏离中央的既定目标，于是产生利益的不一致性”（信春霞，1998）。

随着研究的深入，事权的概念出现了新的外沿，从而产生了财权事权错配问题。事权，不再仅是中央政府赋予的决策与管理权限，更意味着政府的职能责任。1994 年以来，中央财政收入占全国财政收入的比重与地方财政支出占全国财政支出的比重均稳步上升，地方政府的财权与事权出现了“倒挂”现象，即地方政府的财权在缩小，而事权在扩张。究其原因，在中央和地方财权关系一定的情况下，中央政府具有向省级政府“行政发包”的权限，省级政府又不断向下级政府“发包”，使地方政府的事权范围和压力不断扩大（何逢阳，2010）。随着中央地方共享税的不断增加，部分地方税收的取消，使地方财政压力不断增大，这种财权事权错配问题迫使地方政府不断寻求新的经济增长点以扩容税基。因此，地方政府财政支出向经济增长效应显著的基础设施倾斜，而忽视了教育、社会保障、环境保护等方面的投入（李齐云、马万里，2012）。

2.1.4 财政分权与土地财政

最早涉及土地财政的官方文件是 1979 年颁布的《中外合资经营企业法》，该法有这样的规定：“中国合营者的投资可包括为合营企业经营期间提供的场地使用权，如果场地使用权未作为中国合营者投资的一部分，合营企业应向中国政府缴纳使用费。”该文件开辟了土地有偿使用的先河，为中国的城市建设增加了新的财源，是中国土地财政的开端（李涛，2012）。

1994年“分税制”改革之后，中央财政预算收入比重大幅度提高，在1999年之后，中央财政预算收入比重始终维持在50%之上，而中央的支出比重却大幅下降，中央财政有了明显改善，但地方政府的财政收支出现了巨大缺口（吴群、李永乐，2010）。“分税制”改革使财权逐渐上移至中央政府，但事权向地方政府下沉，造成了事实上财权事权的不匹配。地方政府持续的财政赤字迫使地方政府寻求新的财源以缓解财政分权造成的财政压力。随着土地市场化进程的推进，土地财政收益成为地方政府重要的财源。2006年中国土地财政收益高达8077.64亿元，占地方本级财政支出的26.5%。2007年之后，土地收益纳入地方基金预算管理，由地方政府主要持有。随着土地收益的增长，“分税制”式的财政分权制度极大刺激了地方政府经营土地的热情。当地方财政的赤字程度较高时，地方政府有将土地价格抬高以获取超额的土地收益的倾向（崔华泰，2019），同时，相比其他财政收入，土地出让金也更容易被地方政府掌控（朱富强，2012）。

不可否认，虽然土地财政弊端重重，但极大刺激了地方政府发展经济的积极性，增加地方政府收入的同时形成了大量固定资产投资，驱使地方政府依赖土地出让收入进行基础设施建设，改善投资环境（陈志勇、陈莉莉，2011；杜雪君等，2009）。但是，由于受到土地资源的稀缺和政府社会职能的约束，地方政府的土地财政政策不具备可持续性，仅是经济转型期的短期政策（薛白、赤旭，2010）。以GDP为纲的地方政府绩效考核体制，使地方政府实施土地财政行为的动机合理化。这在一定程度上加强了地方政府主动参与经济活动的积极性，还通过地方官员的偏好产生了不合理的激励和影响，形成了地方政府间的攀比竞争，造成财政资金的浪费（匡小平、卢小祁，2012）。土地财政在短期内促进了第二产业的发展，增强了地方政府在“晋升锦标赛”中的实力，但是从长期看促成了“去工业化”效应的出现，破坏了“干中学”的人力资本积累，减弱了市场经济对要素资源的整合与集聚效应，使供需结构提前发生变化，落入低质量发展的陷阱，损害了经济增长的潜力（周彬、周彩，2018）。土地财政还容易形成以房地产业为核心的产业链，这条产业链会“绑架”和占据大量社会资源，阻碍产业结构的优化升级和其他行业的发展（蔡潇等，2017）。

2.2 实际汇率理论

实际汇率（Real Exchange Rate），又称为真实汇率，通常指的是外部实际汇率，即两国名义汇率经过价格指数调整后的汇率值。实际汇率本质是相对价格指标，反映了两国的生活成本，实际汇率升值表明本国价格相对外国价格上涨；反之亦然（杨盼盼、徐建炜，2011）。而 Yang 和 Zeng（2014）认为，实际汇率应是用两国购买力水平去调整名义汇率，就是国内外实际购买力水平的对比值，即：

$$q = \frac{\frac{E}{p_i}}{\frac{1}{p_d}}$$

虽然该表达式的数学含义与传统实际汇率别无二致，但经济意义不同。分子部分表示 1 单位本国货币可以购买的外国商品，分母表示 1 单位本国货币可以购买的国内商品。实际汇率升值表明本国货币对国外商品的购买力相对国内商品提升；反之亦然。此时，实际汇率概念的出发点是名义汇率，其核心是货币和汇率；而传统观点则认为，相对价格才是实际汇率的核心，货币仅仅是将相对价格转换为可比通用记账单位的工具，但两个价格由于使用不同的货币计量，其比值是没有意义的。

由于货币在两种理念中具有不同地位，学者们对实际汇率核心理念也产生分歧，从而影响了实际汇率的核算。按照 Yang 和 Zeng（2014）的看法，价格背后的商品篮子应是本国货币可以买到的所有商品的集合，因此，本国商品应包含所有可贸易品与不可贸易品，而外国商品则仅仅是进口的可贸易品。按照传统的实际汇率理论，实际汇率中的两国相对价格以两国宽泛的商品篮子为支撑，通常用 CPI 表示，因此，实际汇率背后商品篮子的差异导致了其算法存在差异，构成价格的变量也不再一致，从而使实际汇率的核算出现差异，且只有在极端情况下（所有商品为不可贸易品），二者的计算结论才会一致。

总而言之，根据不同的外部实际汇率算法，我们可以判断出一国的生活成本状况，或者货币购买力变化情况，进而推出国际竞争力状况。内部实际汇率反映了一国可贸易品与不可贸易品的相对价值，利用内部真实汇率，我们可以判别国家内部可（不可）贸易品部门对居民生产和消费的刺激水平，侧重从国内投资、生产和消费的视角解释对外贸易的变迁（张斌，2005）。内部实际汇率的计算公式为：

$$q = \frac{p_N}{p_T}$$

p_N 和 p_T 分别为不可贸易品和可贸易品价格。如果不可贸易品价格上升，不可贸易品部门利润增加，会吸引国内资源品向不可贸易品部门转移。同时，不可贸易品价格上升，也会促使居民消费从不可贸易品转向可贸易品，从而影响贸易余额。

实际汇率的研究工作动摇了购买力平价理论（Purchasing Power Parity，PPP）的基础。若该理论成立，那实际汇率恒等于 1，即缺乏了研究的必要。购买力平价理论围绕货币的购买力评估其价值，认为货币间的汇率由各自购买力决定。Engel（1993）发现国家间的可贸易品的相对价格不稳定，这是由于可贸易品价格中含有较少的不可贸易品元素（价格稳定的服务元素），使国家间的购买力平价理论更难以成立。

巴拉萨 - 萨缪尔森效应（Balassa - Samuelson Effect）开拓了实际汇率研究先河。在此基础上，国内外学者从劳动生产率、经济发展水平等视角对此进行了广泛研究。巴拉萨（1964）发现各国的汇率并没有与购买力平价理论相匹配，他使用了 12 个工业国的数据来观测购买力平价与汇率被高估或低估的关系，发现二者之间总会有一定比例的差异。

购买力平价理论的支持者们使用第二次世界大战中及第二次世界大战

前的数据，得出了如下结论：75%的国家购买力平价与汇率之间的差异在75% ~125%。二者的分歧在于购买力平价理论的支持者们仅看到了货币供给与价格、汇率的关系，而忽略了收入水平及需求供给的影响。通过对贸易品部门和不可贸易品部门进行分类，作者发现发达国家（高生产率国家）的不可贸易品价格通常高于欠发达国家，通常情况下，汇率水平会背离购买力平价的预期。萨缪尔森（1964）认为，传统的购买力平价理论忽略了国家间的禀赋差异及交易成本，导致其实现条件受制于价格、工资等因素。他认为汇率水平与该国生产率水平、工资等因素之间有着深层次的联系。巴拉萨（1964）和萨缪尔森（1964）在传统的贸易模型中引入了不可贸易部门，研究发现，随着可贸易品部门生产率的提升，会导致可贸易品部门与不可贸易品部门的工人工资提升，使非贸易品部门的相对价格上升，进而使实际汇率升值，这就是巴萨效应。

唐旭、钱士春（2007）研究发现，贸易品部门的生产率水平上升（不可贸易品生产率相对稳定）导致了实际汇率的升值，从而解释了人民币升值的问题。这表明，中国的实际汇率问题符合巴萨效应理论。陈科、吕剑（2008）研究发现，中国与美国之间的“相对相对”生产率差异解释了两国间相对价格水平，从而证明巴萨效应对人民币实际汇率升值有很强的解释效应。Tica 等（2006）认为巴萨效应在大多数情况下是成立的，但该效应的强弱取决于研究的性质及样本国家的选择。通常情况下，截面数据相对于面板数据更容易得出巴萨效应成立的结论。

然而，现实世界的经济特征并不完全符合巴萨效应的一些假设，如劳动力并非完全流动，市场间存在分割、管制等，这些因素会使巴萨效应失效。Gubler（2019）使用 OECD 国家 40 年的数据研究发现，即使在考虑贸易条件的前提下，不同部门的劳动生产率与实际汇率之间仍然存在稳健的负向关系。但通过数据集的选择及计量模型的选择可能会得到支持巴萨效应的结论，但支持巴萨效应的结论并不确定。Imai 等（2018）对人民币实际汇率的巴萨效应进行了研究，发现 2005 年之后人民币实际汇率升值的幅度为 4.6%（年均），巴萨效应带来的生产率提升的幅度仅为 1.2%（年均），这难以解释人民币实际汇率的巨幅升值，然而，中国可贸易品价格的大幅提升可以解释人民币实际汇率的上升。Choudhri 和 Schembri（2014）基于行业生产率与商品价格对美国和加拿大的实际汇率进行了研究，发现生产率对实际汇率的影响并非如巴萨效应所示，主要原因可由包含了差异化制造商及同质商品的一般均衡模型解释。Berka 等（2018）调查了欧元区国家的实际汇率与部门全要素生产率之间的关系，研究发现，具有浮动名义汇率的高收入国家的生产率与实际汇率之间几乎没有关系。结合中国实际情况，将城乡二元经济的结构特征考虑进来，人民币实际汇率虽然可能存在巴萨效应，但部门间的收入差距、二元经济结构特征会阻碍人民币升值（胡德宝、苏基溶，2013；韩嘉莹、沈悦，2012）。徐建炜（2012）通过构建一般均衡模型，发现劳动力市场分割会扭曲要素价格，最终导致实际汇率偏低，并通过 2000—2008 年的经验数据证实实际汇率偏低的程度取决于要素价格扭曲的程度。

除了巴萨效应，一些学者试图从经济体的异质性角度探寻实际汇率。Braude（2000）分析了经济体的年龄结构与实际汇率的关系，发现发达国家的老年人口与劳动力人口的比值每增加 10%，价格就会上涨 12%～15%，中等收入发展中国家的儿童与劳动力人口的比值每增加 10%，价格就会上升 4%。实际汇率与非贸易品需求密切相关，老人与儿童的数量上升均导致了储蓄的减少及非贸易品需求的上升，进而导致实际汇率的升值。Nouira（2015）认为，实际均衡汇率的偏差会产生经济成本，在实际情况分类的基础上，Nouira 将政治经济因素、通胀压力因素等加入对汇率制度（固定、浮动、中间）的研究中。通过对发展中国家的研究，Nouira 发现与固定和浮动汇率制度相比中间汇率制度更容易使实际均衡汇率水平偏移，通货膨胀压力及对石油出口的依赖也促使这种偏差扩大，而金融发展水平对此无影响。

2.3 财政分权与实际汇率

2.3.1 财政分权、生产率与实际汇率

中国的财政分权推动了全要素生产率的提高。在1994年之前的财政分权制度下，政府主导的国有银行信贷体系提升了全要素生产率，但1994年之后政府对金融部门的过度干预，导致银行信贷对全要素生产率的促进作用减弱，而银行信贷主要通过技术进步路径而非技术效率路径促进全要素生产率提高（王定祥等，2011）。这表明中国全要素生产率的提升主要通过创新驱动而非要素驱动（孙英杰、林春，2019）。2018年11月9日，蔡昉在《人民日报》上发表文章，文章指出，全要素生产率本质上是一种资源配置效率。在中国财政分权制度下，地方政府通过基础设施建设深度参与资源要素配置，带动了知识外溢与运输成本的降低以及规模效率的提升，对全要素生产率有显著的正向作用（刘秉镰等，2010；余泳泽、刘大勇，2018）。当然，财政分权也会对全要素生产率产生一定的负向影响。虽然地方政府相比于中央政府具有一定程度的信息优势和区位治理优势，能更加有效地生产公共产品，也能使财政分权有效促进技术创新，但由于技术创新具备正的外部性，临近区域的技术创新会产生溢出效应，从而产生"搭便车"问题，进而会降低本区域的科技产出（伍格致、游达明，2019），最终抑制创新科技活动对全要素生产率的推进作用。

关于生产率与实际汇率的关系，本国可贸易品部门劳动生产率的提升会导致本国实际汇率升值；反之，国外可贸易品部门生产率的提升会导致本国实际汇率贬值（Strauss，1996）。然而，Modeste（1995）认为实际汇率的变动更多来自名义汇率的影响而非生产率的变化。Chinn（1999，2000）使用OECD国家的数据研究发现，实际汇率与生产率之间存在稳定的长期关系，但他并不认为生产率因素是导致东亚国家实际汇率变动的原因，特别是中国和泰国这种发展迅速的国家，其实际汇率总是偏离以相对

价格和相对生产率计算出的均衡结果。这主要是因为东亚国家的可贸易品价格较为稳定，使进出口结构调整迅速，使这些方法难以捕捉到真实的实际汇率。Irandoust 和 Sjöö（2002）以 OECD 国家的数据研究了巴萨效应中生产率偏差对实际汇率的长期影响，发现他们的研究结论对巴萨效应的支持度很低。Jeanneney 和 Hua（2005）研究发现，实际汇率上升对技术进步有不利影响，但对技术效率增长存在有利影响，总体而言，对生产率增长的负面影响较小。实际汇率升值通过限制技术进步的方式降低了全要素生产率，但同时又导致资本劳动比增加，使生产率提升，客观补偿了实际汇率升值带来的效率损失。Lee 和 Tang（2006）认为，劳动生产率的提高往往会引起实际汇率上升。然而，与传统观点不同的是，他们发现生产率对实际汇率的影响是通过可贸易品价格传递的，而不是通过可贸易品与不可贸易品的相对价格传递的。Flek 等（2002）认为，部门生产率的提升对欧盟国家的相对价格（实际汇率）具有统计学意义上的显著影响，但影响的程度并不像巴萨效应所预测的那样强烈。Unayama（2003）将产品差异引入巴萨模型之中，研究发现，实际汇率并不通过可贸易品和不可贸易品的相对价格来传导，而是通过可贸易品内部的相对价格传导。这些相对价格取决于可贸易品内部的相对生产率水平。Wang 和 Yue（2006）研究认为，实际汇率主要由经济供给侧（生产力的变化）决定，制造业和服务业的相对劳动生产率与人民币实际汇率之间的变化符合巴萨效应的预期。1980—2004 年，人民币实际汇率的变动趋势基本符合中国部门生产率差异的变化：当贸易部门的劳动生产率增长高于非贸易部门时，人民币实际汇率往往会升值，否则会贬值。Lewis（2007）在研究美国和欧元区的生产率差异如何驱动欧元兑美元的实际汇率时，认为可贸易品部门的生产率对实际汇率的影响程度（巴萨效应渠道）不及需求等因素的影响程度，生产率因素能部分解释实际汇率上升的原因，就是生产率促进了需求的增长。Engels 等（2007）研究发现，英国生产率增长 1% 与英镑实际汇率贬值 3.5% 同步出现，同样，欧元区生产率增长 1% 与英镑实际汇率升值 5.16% 同步出现。Miller（2008）构建了大国开放经济的跨期模型，研究了不同类型的生产力冲击给实际汇率的影响。生产率冲击给实际汇率造成的影响可能会发生变化，这取决于生产率冲击是来自新资本还是旧（现有）资本。1995—2001 年，美国新资本主导的生产率相对欧盟国家的生产率有所提升，导致美元相对欧元的实际汇率升值；2002—2004 年美国旧资本主导的生产率相对欧盟国家的生产率有所提升，导致美元相对欧元的实际汇率贬值。Choudhri 和 Schembri（2010）研究认为，国内可贸易商品和国外可贸易商品之间的替代弹性的微小变化，可以使可贸易品部门的生产率对实际汇率的影响为负或正。Pal（2011）利用印度和美国 1959—2001 年的年度数据进行研究，发现美国生产率的增长也伴随美元相对印度卢比实际汇率的升值。Kakkar 和 Yan（2012）对亚洲六个经济体的全要素生产率与实际汇率进行了研究，发现不可贸易品的价格与全要素生产率息息相关，实际汇率则取决于本国与外国全要素生产率的相对差异。Christopoulos 等（2012）研究发现，具有较高国内储蓄的国家的实际汇率取决于劳动生产率（巴萨效应），而低储蓄国家或国际借款受限国家的实际汇率同时取决于劳动生产率与国外净资产。

实际汇率也会影响生产率。实际汇率走弱，会促使劳动力进入可贸易品部门，而离开生产率增长缓慢的不可贸易品部门，可贸易品部门的“干中学”效应促使生产率快速提升，进而带来“增长激增”。东亚国家特别是中国就采用这样的方式实现了经济增长。但是，实际汇率与全要素生产率并非简单的线性关系，当实际汇率贬值超过了临界点，贬值则不会使全要素生产率和 GDP 增长（McLeod 和 Mileva，2011）。Choi 和 Pyun（2018）对 2006—2013 年的韩国制造业企业进行了研究，发现实际汇率贬值会对出口商的劳动生产率产生积极影响，但持续贬值会导致该积极影响消失。短暂的实际汇率贬值会通过价格效应与规模效应提升生产率水平，但持续的实际汇率贬值会损坏创新能力，进而抵消生产率的提升。Grabowski 和 Self（2019）对 12 个亚洲国家的数据进行了分析，研究发现，农业是经济中的关键部门，农产品价格对这种经济体的总体价格水平会产生很大影响。如果农业生产率增长快于制造业生产率，那么在某些条件下，这将使前者的价格相对于后者下降；反过来意味着经济中的总体价格水平应该下降。如果其他条件不变，这导致实际有效汇率贬值，这种实际汇率贬值会增加可贸易商品（特别是制成品）的竞争力。Jeanneney 和 Hua（2011）利用中国 29 个省份 1986—2007 年的面板数据研究发现，实际汇率的升值对劳动生产率增长存在有利影响，会形成一种良性循环：货币实际汇率的升值促进了劳动生产率的增长，生产率增长又推动了实际汇率的升值。此外，这种有利影响在内陆省份比沿海省份更为明显，有助于缩小内陆省份和沿海省份之间的差距。

2.3.2 财政分权、政府支出与实际汇率

开放经济的宏观经济学认为，政府支出增加会恶化经常账户，使实际汇率升值，其后果是如果商品都是可贸易品，实际汇率升值会挤出国外需求，从而使国内商品更加昂贵；如果只有部分商品是可贸易品，实际汇率升值会使资源转移到不可贸易品部门，从而提升不可贸易品的价格。De Gregorio 和 Wolf（1994）认为，政府支出属于不可贸易品的范畴，是通过资源提取渠道来影响实际汇率的。Balvers 和 Bergstrand（2002）研究了实际汇率、政府消费、贸易品与不可贸易品的关系，认为政府支出不完全是不可贸易品的范畴，政府的支出行为对实际汇率的影响，除了资源提取渠道，还有消费倾向渠道，且两种渠道都使实际汇率上升。Penati（1987）使用跨期货币模型对政府支出、经常账户及实际汇率的关系进行了研究，发现当政府永久增加可贸易品的支出时，实际汇率立即贬值，经常账户盈余；当政府支出转移到不可贸易品时，则实际汇率升值，经常账户出现赤字。

Chinn（1999）对 OECD 国家进行了研究，发现政府支出与实际汇率仅在短期内存在关系。Galstyan 和 Lane（2009）则认为，政府支出行为在长期影响实际汇率，其中，政府消费行为会导致实际汇率升值，而政府投资行为则会导致实际汇率贬值。实际汇率对政府投资的敏感性取决于公共资本存量的增加如何差异地影响可贸易品和不可贸易品部门的行业生产率

水平。Unalmis（2012）将政府支出分为消费品支出和对家庭转移支出，不同类型的政府支出对实际汇率的影响是不同的。其中，政府消费支出会导致实际汇率贬值，而政府对家庭的转移支出会导致实际汇率升值。Ravn 等（2012）使用1975—2005 年四个工业国的数据研究发现，政府支出的增加导致国内市场的加价幅度缩小，以及国外市场的加价幅度增大，导致实际汇率贬值。Frenkel 和 Razin（1996）在两期小规模开放经济模型框架下研究发现，政府支出对实际汇率的影响通过两个渠道传导：资源提取渠道和消费倾向渠道。在第一个渠道中，政府支出类似于一个负面冲击，该冲击对实际汇率的影响取决于政府支出在可贸易品和不可贸易品的分配权重；在第二个渠道中，政府支出对实际汇率的影响取决于效用函数的特征，政府效用与私人效用间的替代性及互补性决定了政府支出水平下的跨期替代程度。

李婉（2007）基于财政分权视角的研究发现，在 GDP 考核的政治标准下，地方政府的财政支出倾向于经济建设及行政费用支出，而忽略了科教文卫方面的支出。郭庆旺、贾俊雪（2010）认为，财政支出分权有利于县级政府支出规模的扩张，收入分权则抑制了其扩张，这是由于收入分权会受到政府层级和分配政策的影响。王明成（2012）研究发现，政府支出对私人消费具有替代效应。在财政分权框架下，政府的支出结构会被扭曲，生产性支出被外商直接投资（FDI）捆绑，与替代效应一起挤出了私人消费。鲁元平、杨灿明（2013）研究发现，财政分权会促使地方政府选择“唯 GDP 至上”的方法，从而重经济轻民生，使公共资源特别是落后地区的公共资源配置不均等。林桐、王文甫（2017）研究发现，较高的财政分权程度会通过私人消费渠道抑制政府支出乘数，原因在于较高的财政分权程度意味着地方政府具有较多的自由资金投至经济性支出项目，从而挤占民生性支出，迫使居民增加储蓄，从而抑制消费。同时，较高的财政分权程度也会通过私人投资渠道影响政府支出乘数。地方政府分权程度的提升会刺激行政性支出增加，提升劳动力市场平均工资水平，从而提升生产成本，抑制私人投资；较高的财政分权也会刺激地方政府提升资源整合能力，从而提升政府支出乘数。

本章的主要内容是对财政分权、实际汇率、政府行为及涉及三者关系研究的文献进行系统梳理，并从中探寻财政分权、政府行为、实际汇率系列研究的亮点及不足，进而引出本研究的主题。

在财政分权的研究综述中，主要从财政分权背景下的公共产品、市场分割、财权事权错配及土地财政等角度进行文献梳理；在实际汇率的研究综述中，主要从实际汇率的理论形成、巴萨效应等视角进行文献梳理；在财政分权与实际汇率的关联文献综述中，主要从生产率及政府支出角度对财政分权背景下的实际汇率文献进行梳理。在这些文献中，罕有财政分权下政府行为与实际汇率关联的研究，更多是分权背景下公共产品引致的生产率变化及政府支出变化与实际汇率的研究。

现有的研究中鲜有涉及中国式财政分权背景下政府行为对实际汇率的研究，对政府的角色定位也仅停留在公共产品提供者和财政资金的支出者的层面，而关于中国财政分权下的地方政府行为是如何影响实际汇率的研究十分匮乏。

3. 中国式财政分权与地方政府行为逻辑

3.1 中国财政关系的历史变迁

3.1.1 “统收统支”阶段

1950年3月，我国政务院通过了《关于统一国家财政经济工作的决定》，基本勾勒出中国统一的财政体制雏形，将全国的财政收支和物资进行统一管理，从而稳定了物价，平衡了政府财政收支，为经济建设提供了制度保障。同时，该制度安排也为后续财权的高度集中埋下了伏笔，也引出了后续诸多财政问题。

3.1.2 “划分收支、分级管理”阶段

1951年3月，中央将之前高度统一的财政管理模式变更为统一领导、分级负责（中央、大行政区和省市三级管理）的模式。收入部分，将农业税、公债、关税及国有企业的利润等归为中央收入，工商业税、货物税等由央地按比例分成；支出部分，国防、外交、中央行政支出为中央预算，地方投资者的事业费归地方预算。

1953年，中国实施第一个五年计划，财政管理体制亦变更为中央、省（市）、县（市）三级管理体制。相比之前的管理模式，权力集中程度进一步降低，地方管理权限得到了扩张。1954年，国家预算收入分为固定、分成及调剂收入；地方政府支出由地方固定收入和分成收入抵补，不足部分

中央补足，一年一变（杨志勇，2019）。此时的财政政策实质是以收定支的状态。

3.1.3 “以收定支，五年不变”阶段

1957 年 11 月，中央通过了《关于改进财政管理体制的规定》，将地方政府收入分为地方固定收入①、企业分成收入②、调剂分成收入③。允许地方政府在五年周期内在其收入水平上安排财政支出，当收不抵支时，由中央政府补助；反之则上缴收入。新的财政制度安排虽然极大激励了地方政府的积极性，但伴随着“大跃进”的展开，该制度在执行过程中不断被扭曲，出现了“假结余，真赤字”的问题。同时，中国经济在 1959 年及之后两年陷入困境，政府财政收入显著下降（杨志勇，2019）。

3.1.4 “收支下放、地区包干、地区调剂、总额分成”阶段

在 1958 年 4 月通过的《关于工业企业下放的几项规定》中，中央明确提出，除了重要的特殊的企业仍归中央管理之外，其余企业一律交于地方管理。1958 年 8 月，国务院对各级政府管理制度进行了修正。在中央集体领导下，地方政府可以在不影响上缴任务的前提下，自行决定使用财政结余部分的方向和内容。

1961 年，中共中央通过了《关于改进财政体制、加强财政管理的报告》，要求财政大权集中于中央、大区、省市自治区三级，且不容许财政赤字存在。对于之前下放的不适当的权力采取了收回政策。同年底，中央收回了部分下放给地方管理的企业。

1966 年至 1970 年，中国实施了“总额分成，一年一变”的财政政策，即中央政府每年确定一次地方政府的预算额度及中央与地方政府的分成比例。受“文化大革命”影响，财政部军管委 1968 年 12 月要求暂不实行

---

① 地方企业收入、地方事业收入、七种原已划给地方的税收。

② 划归地方管理的企业分成收入和地方参与分成的中央企业的利润。

③ 商品流通税、货物税、营业税、所得税、农业税等。

“收支挂钩，总额分成”办法，改为“收归收，支归支”，即收入全部上缴，支出由中央分配。这是1967年全国财政赤字背景下采取的应急措施，财政政策也重新回到了“总额分成”的轨道上。

3.1.5 “财政收支包干”阶段

基于1971年之前已将大部分企事业单位下沉至地方管理的事实，财政部要求，从1971年起，由中央核定各地区预算指标并固定金额，地方财政收大于支时，包干上缴中央财政；反之，中央政府包干补助。这项政策按绝对数包干，超收节支留给地方政府，充分激发了地方政府的财政积极性。但在实施进程中，由于地区间财政能力的差异造成了“苦乐不均”的现象，且包干制也引致层层包干现象的发生，加剧了基层政府的财政压力。因此，1971年底，财政部修正了财政收支包干制度，不再对1亿元以下的超收部分进行分成，仅对1亿元以上的超收部分进行中央和地方政府的平均分配，且包干制只在省市自治区层面实行，不能层层下沉至下级政府。1972年3月，财政部进一步明确，地市县应采用分成制，且各项资金应分类管理，不得相互间挪用。

从1972年财政包干制的实践结果来看，中央财政盈余27.5亿元，而地方财政赤字27.5亿元[①]。对于地方政府的赤字问题，1973年2月在财政金融工作座谈会上，财政部提出，由于地方政府原因造成的赤字由地方政府自身解决，对于努力化解赤字的省份，中央政府会妥善予以帮助解决。但由于“文化大革命”对经济社会的破坏，1974年财政赤字恶化的状态直至年末也未扭转。

1976年7月，在全国计划工作座谈会基础上，中央政府提出，以收支包干为前提，逐渐扩大地方政府权限，预先确定了若干年收大于支的包干金额，但由于各项工作推进得比较缓慢，该政策并未得到有效实施。1979年10月，全国有1200家企业实施了企业自主权和利润留成制度，国家整

---

① 数据来源于《中国二十世纪通鉴（1901—2000）》。

体财政收入水平逐渐提升。

3.1.6 “划分收支，分级包干”阶段

1980年，国务院实行“划分收支、分级包干”财政管理体制，以1979年为基期，划分五年内的分成和补助比例。地方财政收入如果收大于支，则从工商税中按比例分成给地方财政；反之则由中央补助。1981年3月，财政部开始在部分企业中试行企业缴纳利润向缴纳税收的政策转变，该项试点为后续的“分税制”改革奠定了基础。1981年9月5日，国务院批转财政部提交《关于改革工商税制的设想》，首次提出工商税收是组织国家财政的主要手段，明确了税制改革是企业利润和税收的相互转移。

1982年12月，国务院发出通知，要求从1983年开始，除广东、福建外，其余省市皆施行收入按固定比例分成的包干办法，由各省级单位决定下属市县是否分级包干，此举改变了之前市县不能分级包干的做法。1984年5月15日，国务院从第四季度起实行“利改税”的第二步改革，优化整改产品税率，增设资源税、增值税及地方税，并且国有企业也由上缴利润变为依规纳税。

3.1.7 “划分税种、核定收支、分级包干”阶段

财政政策实行第二步“利改税”改革之后，原来财政体制的一些内容也发生了变化，在1985年3月，国务院通知从1985年起，实行“划分税种、核定收支、分级包干”财政体制，该体制明确了中央政府及地方政府的收入范围，使二者均有了相对固定的收入来源，明确了支出责任。当地方政府固定收入大于支出的，定额上解中央财政；反之，则从两者共享收入中按比例留存地方政府。

3.1.8 多形式“财政包干”阶段

随着改革的推进，中央财政逐渐陷入“支大于收”的困境。1988年，财政部部长王丙乾指出，财政收入占国民收入的比重持续下降，中央财政

直接收入占比较低，且地方上缴收入难以抵补中央支出。因此，1988 年 7 月，国务院出台办法，要求除广州与广东、西安与陕西的财政关系外，对其余省市分别实行“收入递增包干”“总额分成”等政策，地方政府选定包干方法后，应基于国家政策要求发展经济，壮大自身财力，且不得擅自改变财政收支标准和范围。

3.1.9 “分税制”阶段

1992 年 6 月 20 日，中央决定在浙江、辽宁、新疆、天津及武汉市、青岛市、大连市、沈阳市、重庆市等省市区率先实行“分税制”财政体制改革。“分税制”是指按照中央地方事权分工和调动积极性原则，将各项收入划分为中央、地方财政收入及共享收入，各项支出划分为中央、地方财政支出及中央专项支出，且中央各部门不干预地方财政的收支事项。1993 年 12 月 15 日，国务院正式决定，从 1994 年 1 月 1 日起，改革现行财政包干体制，并根据事权财权相结合的原则，建立中央税收和地方税种体系，对各省市实行“分税制”财政管理体制。

1994 年 8 月 2 日，全国财政工作会议指出，“包干制”向“分税制”财政体制的过渡整体平稳，但存在收入管理、支出过度的问题，基层政府特别是县级财政较为困难，应加强预算的约束管理。在 2002 年，《关于 2001 年中央和地方预算执行情况》报告指出，各级政府间的财权关系应使各级政府的事权与其财力水平大致匹配，同时适度增加对地方政府的一般转移支付。在 1998 年至 2002 年间，中国的公共财政基本框架基本确立。

1994 年中国实行“分税制”财政管理体制之初，对各级政府及社会经济产生了深刻影响。第一，按隶属关系和税目划分所得税的办法，被新的所得税制度打破，实现了所得税收入的中央地方共享。第二，界定了省以下各级政府的事权和支出范围，并约定了省市级政府的收入比重。2002 年，国务院下发了通知，要求省市级政府承担的财政支出，不可层层向下级政府转嫁；省以下财力差距较大的地区，应提高省市级财政收入比重以满足调节区域差异的要求；反之，则降低该比重。第三，指明了政府支出的方向。政府应重点保障公共服务需求，如社保、工资及环保项目，通过加强社保、财政贴息等手段支持经济发展并减少财政直接投资。“分税制”改革极大地提升了各级政府的积极性，促进了政府财政收入的增长。1998—2002 年，财政收入从 1998 年的 9876 亿元提升至 2002 年的 18904 亿元。第四，“分税制”改革之后，中央省市财权逐渐层层上移，而事权下沉至县乡政府，也造成了县乡级财政的困难。

随着财政体制改革的推进，地方政府的债务问题逐渐突出。根据 2009 年政府审计结果，地方债务总体规模大，地方性融资平台中政府债务占了一半以上，且被审计地区政府债务的 96% 用于交通运输、市政建设等项目。地方政府性融资平台是地方城市化和工业化快速发展与地方政府财政能力不匹配的客观反映，为了保证公共基础设施和支柱产业发展，政府的投资冲动与《预算法》等现行法律约束、社会资本逐利等因素相互碰撞，促成了地方政府性融资平台的形成和壮大，并衍生出大规模的地方政府性债务。

地方政府财政政策的执行也出现了大量偏差，出现了权责不匹配、责任主体不明、政府部门之间职能界定不清的问题，根本原因在于行政体制改革与财政体制改革不同步①。2007—2009 年，中央财政实际分配至农业主产区的平均资金到位率仅为 72%，严重阻碍了中央支农政策的顺利实行。2011 年，审计署对 18 个省区县级财力状况进行了审计调查，发现县级财政收入中非税收入比重超过一半，税源分散且稳定性差，部分县在招商引资进程中变相减免财政性收入，严重挤压了民生性等领域的投入空间。抽查的 54 个县级单位，有 47 个民生投入不达标。县级政府自主财力弱小，大部分财政支出属于政策性达标支出。2011 年 18 个省的省级税收中，中央财政分成占 52%，省、市、县各级分成分别为 9%、13%、26%。地方各级税收收入难以支撑当年公共财政支出的 50%，地方独享税严重偏

---

① 2014 年《全国人民代表大会常务委员会公报》4 号文件。

低[1]；相反，中央财政闲置资金较多。

明确划分中央和地方事权范围，形成健全统一的预算管理体制，迫在眉睫。2016 年 8 月，国务院印发了《关于推进中央与地方财权事权和支出责任划分改革的指导意见》，明确规定了改革总体要求，力图在 2019—2020 年基本形成中央与地方财政事权和支出责任划分的清晰框架。

3.2 中国财政分权的测度

测量与建构分权指标，是一件非常复杂的系统性工程。其难点与重点在于：首先，很难找到全面覆盖财政分权内涵的具备可操作性的定义；其次，可用数据匮乏（张光，2011）。根据世界银行的标准，财政分权与政治分权、市场分权等存在重叠区域及协调需求，精确的定义财政分权往往不像全面理解财政分权那么重要。财政分权会以不同的形式出现在国家之间、国家内部，甚至部门内部，因此，财政分权及分权程度的比较应考虑一致性，避免出现“苹果和橘子的比较”的问题。

在大多数国家，财政集权和分权并非“非此即彼”的关系，适当分权有助于政府部门高效率的运作，但并非所有的政府职能都应采取分权的方式，即使在分权的状态下，中央政府仍会拥有重要的监督职能。在适当条件下，分权有助于打破决策瓶颈，而这些瓶颈通常是因为中央政府对政治和经济的计划和控制导致的，分权有助于增强官员对地方需求和状态变化的敏感性，帮助中央政府更好地为地方提供服务，产生更具创造性的计划，更好地使区域内部公民实施公共计划。但分权也不是万能的，也具有一些潜在的劣势。财政分权会导致规模经济的丧失、服务提供的缺失及政策协调的复杂化，并导致公共部门和私营部门之间的不信任。合适的财政分权基于财权职能的匹配、政府间的协调、预算的编制和执行、问责制等原则的密切协同。然而，由于国情不同，分权政策和工具必须根据当地状态进行调整。

---

① 资料来源于 2012 年的《中国财政年鉴》。

财政分权的程度往往会掩盖财政分权的真实状况。财政分权的测算主要基于支出分权、收入分权及财政自由度三个角度进行。以财政支出分权为例，地方政府支出中的一部分是由地方政府自行支配的，一部分则来自中央政府的行政命令。在国际货币基金组织的《政府财政统计》中，计量财政分权的重要指标采用的就是地方政府支出的百分比，这也是众多财政分权文献所采用的方法。由于地方政府并不能完全掌控支出的去向，所有这种方式测度的结果往往会高估地方政府的财政分权水平。以收入分权为例，世界银行认为，即使税收分享机制会激励地方政府努力发展经济，但与中央政府共同分享税基相比，地方政府更愿意从企业直接获得捐赠或其他利益，导致以地方政府收入水平计算的收入分权会低估实际的财权分权水平。以财政自由度为例，现有财政自由度指标的计算未考虑预算外财政支出的问题，导致计算出来的指标会轻微地低估地方政府的真实分权水平[①]。因此，不同的分权指标背后反映了不同的事实与逻辑，彼此并不能相互替代或混用（陈硕、高琳，2012）。

当前，财政分权程度的主流算法会偏离财政分权的实质。张涛、邹恒甫（1998）在 *Journal of Public Economics* 上发表了题为“财政分权、公共开支与中国的经济增长”的论文，最早使用地方财政收支占全国财政收支比重的方式衡量中国的财政分权，这一做法也是国际上衡量财政分权水平的主流算法。如果用这个算法计算中国历年来的财政分权水平，是合适的，但把这个算法推论到用各省（人均）财政收支占全国（人均）财政收支比重来计算各省财政分权程度，则会出现分权算法与分权内涵的偏移。因为这个推论算法已经变为计算各省财力水平的指标，所揭示的不再是财政分权水平，而是各省的经济发展水平，所有以各省（人均）财政收支占全国（人均）财政收支比重测量财政分权的经验研究所获得的结论，都不能被视作关于财政分权的影响的新发现（张光，2011），而这种推广算法导致收支类财政分权指标只能反映中央地方财政关系的跨时变化，而不能反映地区差异信

---

① 预算外收入和支出规模较小，且数据差别不大，并不影响财政自由度指标的准确性。

息，且仅有财政自主度指标能反映地区差异信息（陈硕、高琳，2012）。

因此，本书测算的收入（支出）分权参照张光（2011）的做法，使用省本级以下政府占全省财政收入（支出）比重代理分权指标，其原因是省级政府是全省所有地方政府的中枢，对省本级以下的地方政府收入及支出分配具有裁量权，且这种测算方法的思想同样应用到国别财政分权指标的测算①中（张光，2011）。尽管收入（支出）分权的测算结果通常会低估（高估）实际收入分权水平，但在可量化的范围内，不失为一种折中且可计量的结果。根据已有的文献的算法并进行相应改进，分权的测算方法可分为两种。

$$（1）财政自由度 = \frac{100 \times 各省财政收入（从 2011 年^{②}起预算内收入）}{各省财政支出（陈硕，2012）}$$

$$（2）收入分权（支出分权） = \frac{100 \times 各省本级以下收入（支出）}{全省财政收入（支出）（张光，2011）}$$

财政分权的代理指标有财权的收入分权、事权的支出分权及地方财政自给度指标（江红莉、蒋鹏程，2019）。不同指标的内涵不同，且不可替代（陈硕、高琳，2012）。收入分权度高，意味着地方政府在税收征收上自主程度高，从而会采取“低税负”竞争策略；支出分权度高会迫使地方政府采取“高支出竞争”策略，以促进经济增长（贾俊雪、应世为，2016），财政自由度则更多地刻画了地方政府的财政压力状况。

3.2.1 财政自由度

“分税制”改革之后，地方政府依靠自身的财力难以平衡财政赤字，通过计量省级地方政府自身收入占其总支出的比重，可以衡量地方政府自身所掌控的财政能力。虽然这种算法涉及收入测算时难以回避低估实际财权的问题，及财政收入忽略了中央补助收入、国债转贷收入、调入预算稳

---

① 以次国家级政府收支占全国收支比重测算国家级财政分权水平。

② 财政部于 2010 年 6 月下发了《财政部关于将按预算外资金管理的收入纳入预算管理的通知》，自 2011 年 1 月 1 日起，将按预算外资金管理的收入（不含教育收费，以下简称“预算外收入”）全部纳入预算管理。预算外收入及支出比重都较小，仅略微影响测算分权程度的准确性，故在此忽略。

定调节基金、调入资金等收入的问题。这种算法涉及支出测算时通常会高估实际事权，从而导致测算出的结果可能会比实际分权程度低，但仍能反映出各省内部分权程度的底线。

从表3-1可以看出，除天津、内蒙古、上海、江苏、浙江、山东、广东、西藏外，全国其余省份地区的2018年财政自由度水平都低于1994年的水平。这表明沿海发达地区基本维持了初期的财政自由度水平，而大部分中西部省份呈现出财政自由度下降的趋势。从图3-1可以看出，1994年“分税制”改革至2018年，以地方政府年度平均预算收入和预算支出计算的额度平均财政自由度（以下简称“额度平均”）与以地方政府年度财政自由度进行平均计算出来的比例平均财政自由度（以下简称“比例平均”）步调一致。但额度平均显著高于比例平均，这表明地方政府间财政自由度水平并不均衡，部分地方政府较高的财政收入掩盖了其他省份的财政收入，从而导致地方政府比例平均财政自由度水平低于额度平均财政自由度水平。从数值上看，无论是额度还是比例平均，地方政府的财政自由度在这二十多年间始终徘徊于45%～75%，且呈下降趋势，表明地方政府的财权水平难以支撑其事权支出，该指标也成为地方政府与中央政府间衡量其财政关系的重要的代理变量。

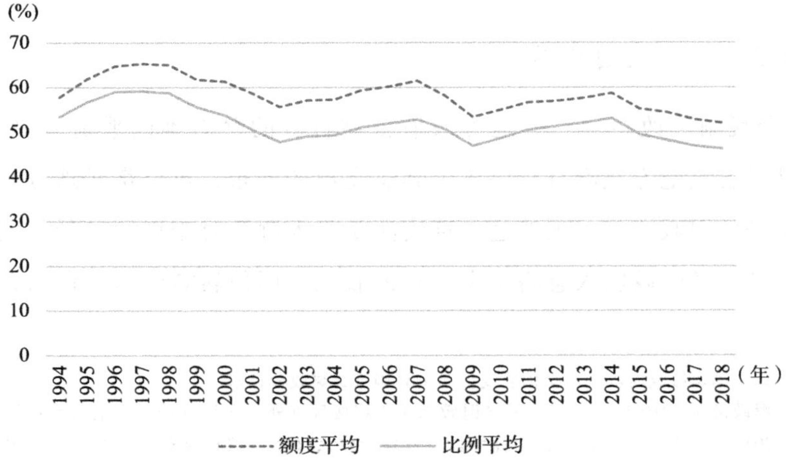

图3-1　1994—2008年各省市自治区财政自由度平均水平

表 3－1　　1994—2018 年各省区市财政自由度指标

地区＼年份	1994	1995	1996	1997	1998	1999	2000	2001	2002	2003	2004	2005	2006	2007	2008	2009	2010	2011	2012	2013	2014	2015	2016	2017	2018
北京	101	75	81	77	82	79	78	81	85	81	83	87	86	90	94	87	87	93	90	88	89	82	79	80	77
天津	68	65	69	73	74	72	71	70	65	66	66	75	77	80	78	73	78	81	82	82	83	83	74	70	68
河北	59	63	65	68	69	64	60	55	52	52	52	53	53	52	50	45	47	49	51	52	52	47	47	49	45
山西	60	64	63	65	63	59	51	46	45	45	49	55	64	57	57	52	50	51	55	56	59	48	45	50	54
内蒙古	39	43	43	46	43	41	36	30	27	29	35	41	42	45	45	44	47	45	45	47	48	46	45	38	38
辽宁	69	67	67	67	68	61	57	58	58	57	57	56	57	61	63	59	63	68	68	64	63	47	48	49	49
吉林	49	52	53	49	49	43	40	37	36	38	33	33	34	36	36	33	34	39	42	42	41	38	35	33	33
黑龙江	59	58	61	64	64	50	49	45	44	44	41	40	40	37	37	34	34	36	37	38	38	29	27	27	27
上海	89	85	84	82	82	79	80	85	82	82	80	86	88	95	91	85	87	88	89	91	93	89	93	88	85
江苏	68	68	72	70	70	71	76	78	75	76	75	79	82	88	84	80	83	83	83	84	85	83	81	77	74
浙江	62	65	65	63	69	71	79	70	76	79	85	84	88	91	88	81	81	82	83	80	80	72	76	77	76
安徽	59	62	64	66	66	60	55	48	44	44	46	47	46	44	44	40	44	44	45	48	48	47	48	45	46
福建	NA	68	71	73	74	75	72	74	69	67	65	73	74	77	73	66	68	68	68	69	71	64	62	60	62
江西	54	58	58	58	55	51	50	47	41	44	45	45	44	43	40	37	40	42	45	47	48	49	47	44	42
山东	62	65	67	72	72	74	76	76	71	71	70	73	74	74	72	67	66	69	69	68	70	67	67	66	64
河南	55	60	63	66	64	58	55	53	47	47	49	48	47	46	44	39	40	41	41	43	45	44	42	41	41

续表

年份 地区	1994	1995	1996	1997	1998	1999	2000	2001	2002	2003	2004	2005	2006	2007	2008	2009	2010	2011	2012	2013	2014	2015	2016	2017	2018
湖北	56	61	63	63	60	58	58	48	48	48	48	48	45	46	43	39	40	48	48	50	52	49	48	48	46
湖南	57	62	60	59	57	53	51	48	43	47	45	45	45	45	41	38	40	43	43	43	45	44	43	40	38
广东	72	73	80	80	78	74	85	88	79	78	77	79	85	88	88	84	83	82	84	84	88	73	77	75	77
广西	50	57	58	58	60	59	57	51	44	46	47	46	47	42	40	38	38	37	39	41	41	37	35	33	32
海南	69	67	68	65	63	67	64	58	53	53	49	51	52	44	40	37	47	44	45	48	50	51	46	47	45
重庆	65	69	69	59	57	51	46	45	41	47	51	53	53	58	57	51	56	58	56	55	58	57	56	52	50
四川	55	57	62	63	61	58	52	46	42	46	43	46	45	48	35	33	37	44	44	45	45	45	42	41	40
贵州	43	45	50	51	49	44	42	36	34	37	36	35	37	36	33	30	33	34	37	39	39	38	37	35	34
云南	38	42	48	48	51	46	44	39	39	39	40	42	43	43	42	36	38	38	37	39	38	38	36	33	33
西藏	5	6	7	8	8	9	9	6	5	6	7	6	7	7	7	6	7	7	10	9	10	10	10	11	12
陕西	50	50	56	58	56	52	42	39	37	42	42	43	44	45	41	40	43	51	48	48	48	47	42	42	42
甘肃	40	42	48	46	43	40	33	30	28	29	29	29	27	28	27	23	24	25	25	26	26	25	25	25	23
青海	28	30	29	30	29	25	24	20	18	20	20	20	20	20	20	18	15	16	16	18	19	18	16	16	17
宁夏	37	39	43	42	39	38	34	29	23	28	30	30	32	33	29	26	28	31	31	33	34	33	31	30	31
新疆	40	40	42	44	45	43	41	36	32	35	37	35	32	36	34	29	29	32	33	37	39	35	31	32	31

注：分权程度数据均为四舍五入后的百分比数。

3.2.2 省级政府的收入分权

各省本级以下收入占全省财政收入比重，衡量了收入视角下省内政府间的财政关系。省本级以下收入，指的是市县等地方政府的财政收入水平。财政部规定各省在收入划分上可以分为省级固定收入、地市县固定收入和分享收入三大类，具体的比例关系各省不尽相同（张光，2011），造成各省内部收入下沉到基层政府的程度具有显著差异，从而使各省省内财政收入分权程度不同。以 2005 年河北省为例，增值税中 25% 划分给河北省，其中，40% 归省级政府，60% 归省级以下政府，而在湖北省的该比例关系变成了 32% 和 68%。类似的还有营业税的划分。河北省是 10% 归省本级政府，90% 归省以下政府，而湖北省的该比例关系为 30% 和 70%（张光，2011）。省级政府在地方政府财政分配中具有一定程度的决策权，其分配财政收入的策略反映了省本级以下基层政府收入分权的水平。

在理论上，可以使用市级政府（含省直管县）占全省财政收入比重和县级政府占全省财政收入比重衡量财权下沉的程度，但由于“分税制”改革至今已二十多年，很多省份的市县级行政区划发生了很大变化。以江苏省为例，六合县在 2002 年与大厂区合并成新的六合区，2002 年之后的六合区的财政收入就不能计入县级行政单位的收入，使数据显示财权下沉到县级政府的比重降低，但其实质是行政关系的变更而非实际财权关系的变更。河南省等省份实行的省直管县改革，由省级政府赋予省直管县财政自主权，虽然行政上还属于原地级行政区，但其财权关系已经发生了本质改变。由于这种变更导致的数据断层和部分省直管县财权关系发生的本质变更，本书使用市级单位的财政收入占省级财政收入的比重衡量一省收入分权的程度。

表 3－2 报告了各省区市的收入分权数据。大多数东部沿海省份的收入分权水平都呈现上升趋势，而大多数西部地区的收入分权则呈现下降趋势，除直辖市、海南等地区外，收入分权程度历年都较高的省份有江苏、浙江、河南、福建、辽宁、山东等，收入分权程度历年都较低的省份有

表 3-2　　1994—2016 年各省区市收入分权测算

地区＼年份	1994	1995	1996	1997	1998	1999	2000	2001	2002	2003	2004	2005	2006	2007	2008	2009	2010	2011	2012	2013	2014	2015	2016	2017	2018
河北	78	80	80	81	82	79	77	77	73	74	74	73	73	74	74	75	78	79	80	81	82	82	81	77	78
山西	76	78	81	79	80	80	80	78	70	71	67	66	65	74	74	74	73	73	73	73	68	65	68	68	67
内蒙古	NA	NA	NA	89	88	87	87	85	84	86	86	87	82	75	80	79	79	78	80	83	82	83	85	71	72
辽宁	NA	NA	NA	NA	NA	88	87	85	85	78	78	78	80	80	82	84	97	97	97	97	97	96	96	96	96
吉林	NA	NA	NA	NA	NA	74	88	73	71	71	69	68	73	75	73	74	74	77	77	78	70	67	68	67	61
黑龙江	NA	NA	NA	NA	NA	71	71	69	67	66	68	68	66	68	67	71	81	76	75	73	76	77	77	74	73
江苏	NA	NA	NA	NA	NA	94	94	92	86	89	90	89	89	90	90	90	92	93	91	92	92	91	92	94	97
浙江	92	93	94	94	89	87	86	87	87	88	81	89	89	89	89	90	91	91	93	93	93	93	93	94	95
安徽	NA	NA	92	91	90	89	85	82	80	82	76	76	77	79	78	81	81	87	90	90	90	90	91	90	90
福建	NA	NA	NA	NA	NA	91	90	89	87	87	86	88	89	90	90	91	91	91	92	91	89	89	90	91	91
江西	91	92	92	91	91	88	87	80	83	83	83	84	83	84	84	87	91	91	92	93	94	92	93	89	88
山东	NA	NA	NA	NA	NA	87	87	87	84	86	86	86	86	87	88	89	89	88	89	95	96	97	97	96	96
河南	86	87	88	84	87	87	86	86	83	84	90	91	91	91	92	92	92	93	94	94	95	95	95	94	93
湖北	86	86	87	87	89	89	88	89	75	77	76	74	72	72	75	77	79	87	92	94	94	95	95	93	93
湖南	86	86	87	88	87	86	86	84	80	82	81	80	80	80	80	82	82	80	84	84	85	85	84	83	82

续表

年份 地区	1994	1995	1996	1997	1998	1999	2000	2001	2002	2003	2004	2005	2006	2007	2008	2009	2010	2011	2012	2013	2014	2015	2016	2017	2018
广东	90	90	77	74	76	76	76	73	73	75	75	77	77	78	78	80	81	78	78	78	78	79	76	75	74
广西	65	63	63	69	80	79	78	77	76	86	86	73	74	74	74	75	75	73	77	84	84	85	79	79	79
重庆	NA	NA	NA	NA	NA	72	69	67	61	53	51	49	49	49	52	57	56	58	58	55	56	56	56	57	55
四川	NA	NA	NA	NA	NA	84	69	67	65	65	64	64	65	65	64	65	67	67	67	68	69	70	72	74	75
贵州	76	81	83	80	84	82	81	78	77	77	76	77	76	75	75	77	80	79	82	83	82	82	81	82	80
云南	NA	NA	NA	NA	NA	85	81	83	77	79	79	79	78	78	78	78	79	78	79	78	78	77	81	82	82
西藏	NA	NA	NA	NA	NA	97	95	91	82	86	83	85	85	80	80	82	87	95	93	90	85	81	83	87	83
陕西	83	83	83	76	84	84	85	85	81	81	81	69	67	67	68	68	68	57	67	72	73	72	74	73	72
甘肃	88	41	49	48	50	50	56	57	71	66	67	62	65	63	55	62	63	64	66	68	71	70	72	72	72
青海	NA	70	76	71	75	73	71	67	70	71	72	68	67	67	71	71	74	69	67	66	68	74	69	69	69
宁夏	59	59	75	55	79	80	76	80	80	78	75	73	73	72	72	75	75	75	75	74	74	71	70	66	62
新疆	NA	NA	NA	NA	NA	86	84	86	83	87	86	85	85	82	85	84	86	90	88	84	83	83	89	85	85

注：分权程度数据均为四舍五入后的百分比数。

重庆、甘肃、四川、青海、黑龙江等。省级以下政府的收入分权程度受到省级政府的政策和制度偏好的影响（张光，2011），也是省级经济体内部财政资源配置变化的宏观反应。

3.2.3 省级政府的支出分权

各省本级以下支出占全省财政支出比重，衡量了支出视角下省内政府间的财政关系。省以下的财政支出主要包括一般公共服务、公共安全、教育等，涉及区域内社会经济的方方面面。在有限的财政资源约束下，地方政府使用财政资金支出的方向和额度会受到上级政府和本级政府政策偏好的制约，整体上支出分权程度越高，下级政府支出责任越大。这虽然可以让掌握信息优势的地方政府更好地发挥其职能，但也意味着地方政府要承担更大的支出压力。

表3－3报告了各省区市支出分权的测算结果。其中，历年来支出分权程度高的省份有广东、浙江、江苏、山东、辽宁等，支出分权程度低的省份有西藏、青海、重庆、吉林、新疆等，无论东部还是西部省份，大部分省份的支出分权都呈现上升的趋势，表明省级以下地方政府的支出责任和权限在扩张。

整体来看，支出分权程度最深的省份集中在沿海地区，而集权程度最深的省份多分布在西部地区。收入分权大于支出分权的省份数从1999年的26个逐年减少至2018年的13个，表明财政“分税制”改革以来，各省的财权逐渐向省级政府集中，而事权逐渐向省本级以下政府下沉。

3.2.4 中央政府与地方政府的收入分权

中央政府与地方政府的分权程度的变化反映了在省级政府层面上财权与事权分配的变化，在大多数涉及中央政府和地方政府分权的研究中，把地区收入或支出占全国或中央的比重视为财权分权，其实这是对国际货币

表 3-3　1994—2016 年各省区市支出分权测算

地区＼年份	1994	1995	1996	1997	1998	1999	2000	2001	2002	2003	2004	2005	2006	2007	2008	2009	2010	2011	2012	2013	2014	2015	2016	2017	2018
河北	74	77	77	74	77	74	71	71	76	76	77	78	79	78	79	78	82	83	84	84	85	87	86	85	82
山西	80	78	77	78	76	74	67	67	70	67	69	68	71	74	75	73	72	73	74	80	78	79	79	80	82
内蒙古	NA	NA	NA	78	71	77	65	68	72	74	81	80	83	83	85	83	84	82	82	84	85	86	85	80	83
辽宁	NA	NA	NA	NA	NA	81	80	79	80	80	79	77	81	83	83	83	85	84	88	88	87	86	86	85	85
吉林	NA	NA	NA	NA	NA	63	48	59	62	67	67	68	72	72	72	73	75	76	77	78	69	70	67	72	64
黑龙江	NA	NA	NA	NA	NA	69	69	70	73	78	74	66	66	67	68	71	75	73	74	76	78	76	78	78	76
江苏	NA	NA	NA	NA	NA	81	83	83	82	84	83	84	83	86	85	83	86	87	88	89	89	90	90	91	91
浙江	79	82	82	82	82	82	83	83	84	85	85	85	87	89	89	87	89	90	90	90	91	88	93	93	93
安徽	NA	NA	72	68	68	64	62	59	61	65	67	70	73	72	75	74	75	82	85	86	86	87	88	87	87
福建	NA	NA	NA	NA	NA	79	76	74	76	76	76	78	79	84	83	81	83	83	83	86	85	86	89	90	89
江西	74	76	76	73	73	78	75	72	74	75	77	80	80	81	81	82	83	81	84	84	83	85	87	88	87
山东	NA	NA	NA	NA	NA	82	82	82	82	82	84	86	85	87	87	86	86	88	88	90	90	90	90	90	91
河南	79	79	81	79	78	75	73	77	79	79	79	81	83	83	81	81	81	83	86	86	87	88	88	88	88
湖北	78	78	77	77	73	72	75	67	68	72	71	74	72	74	76	88	89	88	88	89	87	85	88	88	88

续表

地区＼年份	1994	1995	1996	1997	1998	1999	2000	2001	2002	2003	2004	2005	2006	2007	2008	2009	2010	2011	2012	2013	2014	2015	2016	2017	2018
湖南	74	80	75	74	70	69	67	69	69	74	72	73	77	81	80	80	82	79	81	83	88	91	91	91	90
广东	87	87	88	85	83	77	85	81	84	86	87	88	88	89	89	89	89	88	88	86	91	91	93	92	92
广西	50	57	56	56	64	64	62	60	61	73	73	72	76	74	75	77	80	76	79	81	81	83	84	83	82
重庆	NA	NA	NA	NA	NA	64	58	62	63	61	65	59	62	63	66	69	67	64	65	64	65	66	67	67	66
四川	NA	NA	NA	NA	NA	71	66	63	66	70	71	74	72	74	77	72	73	71	71	74	75	74	73	73	71
贵州	74	76	78	77	74	70	67	63	67	72	68	69	72	70	76	72	80	75	78	79	75	78	79	83	81
云南	NA	NA	NA	NA	NA	70	67	64	69	68	71	71	76	77	77	74	80	80	81	79	80	82	83	81	82
西藏	NA	NA	NA	NA	NA	44	45	33	32	33	41	36	36	42	38	37	38	41	48	51	54	68	75	71	70
陕西	73	72	71	67	70	65	57	54	53	58	56	56	58	63	66	67	74	70	76	78	77	77	81	82	83
甘肃	28	24	29	28	27	26	34	41	58	64	66	67	71	74	78	78	79	75	80	80	77	76	80	82	78
青海	NA	59	60	61	59	53	51	46	46	51	53	51	53	56	61	56	63	68	66	60	66	66	67	68	68
宁夏	64	60	60	34	57	58	56	55	53	56	58	55	58	64	64	68	71	72	74	76	76	73	76	74	74
新疆	NA	NA	NA	NA	NA	62	62	68	67	66	66	61	59	65	63	68	70	79	80	80	79	78	80	84	87

注：分权程度数据均为四舍五入后的百分比数。

基金组织（IMF）关于财政分权定义[①]的误读（张光，2011）。这是分母相同仅比较分子的问题，导致测出的结果偏离了分权的本质。本书将所有地方政府视为一个整体，所以与中央政府进行财权比较时就避免了这个误区，从而整体上测度了中国财政分权的状况。

本书从税收分成角度测算了中央政府与地方政府的收入分权状况。税收是现代国家组织财政收入的主体形式，中央政府与地方政府纵向的税收分成关系取决于中央政府目标函数的设定，由于中央政府具有高于地方政府的税收规制权限，如果中央政府不能信守既定的税收分成或税收规制经常变化，会导致地方政府税收预期不稳定，且影响地方政府税收征收的努力程度（张伦伦，2006），从而无法形成中央与地方政府稳定的收入分权关系。1994 年“分税制”改革之后，中央和地方政府的税收分成规制日趋稳定，为我们测算中央与地方政府的收入分权提供了条件。

表 3－4 报告了地方政府在税收收入中的实际分成比例。地方政府的税收分成比例在 2001—2017 年中呈现了先下降后上升的“U”形状态，这在很大程度上得益于 2012 年起开始试行的“营改增”改革。中央政府适度提高地方政府按税收缴纳地分享的增值税的比例[②]，将之前的增值税分成关系（75:25）逐步放松。消费税作为中央政府的固定收入，地方政府没有分成，营业税则主要归地方政府所有。2017 年“营改增”全面推行之后，地方政府的营业税空间进一步被压缩至 49.98%。个人所得税收入中地方政府的分成为 40% 左右，而企业所得税中地方政府的分成低于 40%，这主要是由于各银行总行及各保险公司总部、海洋石油企业缴纳的部分归中央政府，地方政府不参与分成，而资源税、固定资产投资方向调节税等则完全归地方政府所有。

---

① 国际货币基金组织提供的《政府财政统计》中，将下级政府占地区财政支出的总指标视为分权程度。

② 2016 年国务院印发了《全面推开营改增试点后调整中央与地方增值税收入划分过渡方案》，地方按税收缴纳地分享增值税的 50%。

表 3-4　　2001—2017 年地方政府在税收收入中的分成比例（%）

项目 \ 年份	2001	2002	2003	2004	2005	2006	2007	2008	2009	2010	2011	2012	2013	2014	2015	2016	2017
税收收入	43	39	36	36	36	36	36	37	37	38	39	43	45	45	46	46	44
增值税收入	19	19	18	18	18	18	18	18	18	17	17	17	20	22	24	35	39
国内增值税	25	25	25	25	25	25	25	25	25	25	25	26	29	32	33	45	50
进口货物增值税	0	0	0	0	0	0	0	0	0	0	0	0	0	0	0	0	0
消费税收入	0	0	0	0	0	0	0	0	0	0	0	0	0	0	0	0	0
国内消费税	0	0	0	0	0	0	0	0	0	0	0	0	0	0	0	0	0
进口消费品消费税	0	0	0	0	0	0	0	0	0	0	0	0	0	0	0	0	0
营业税	89	93	96	97	97	97	97	97	97	99	99	99	99	100	99	98	50
企业所得税	61	39	31	31	30	28	30	32	32	33	33	32	32	32	33	33	35
外商投资企业和外国企业所得税	67	47	38	36	35	35	37	NA	NA	NA	NA	NA	NA	NA	NA	NA	NA
个人所得税	72	50	40	40	40	40	40	40	40	40	40	40	40	40	40	40	40
资源税	100	100	100	100	100	100	100	100	100	100	100	95	95	96	96	97	97
固定资产投资方向调节税	100	100	100	100	100	100	100	100	100	100	100	100	100	100	100	100	NA
城市维护建设税	99	99	99	99	99	99	99	99	99	99	99	100	99	99	99	100	100
房产税	100	100	100	100	100	100	100	100	100	100	100	100	100	100	100	100	100
印花税	21	39	42	43	71	54	14	27	27	49	59	70	63	58	28	43	51

续表

项目 \ 年份	2001	2002	2003	2004	2005	2006	2007	2008	2009	2010	2011	2012	2013	2014	2015	2016	2017
城镇土地使用税	100	100	100	100	100	100	100	100	100	100	100	100	100	100	100	100	100
土地增值税	100	100	100	100	100	100	100	100	100	100	100	100	100	100	100	100	100
车船税	100	100	100	100	100	100	100	100	100	100	100	100	100	100	100	100	100
车辆购置税	0	0	0	0	0	0	0	0	0	0	0	0	0	0	0	0	0
屠宰税	100	100	100	100	100	100	NA	NA	NA	NA	NA	NA	NA	NA	NA	NA	NA
筵席税	100	100	100	100	100	NA	NA	NA	NA	NA	NA	NA	NA	NA	NA	NA	NA
烟叶税	NA	NA	NA	NA	NA	100	100	100	100	100	100	100	100	100	100	100	100
耕地占用税	NA	NA	NA	NA	NA	NA	NA	NA	NA	NA	NA	100	100	100	100	100	100
. 契税	NA	NA	NA	NA	NA	NA	NA	NA	NA	NA	NA	100	100	100	100	100	100

注：数据均为四舍五入后的百分比数。

3.3 财政分权背景下的地方政府行为逻辑

3.3.1 财政分权与地方政府行为的关系

通过对中国财政改革历史变迁的回顾和各省财政分权水平的测度，我们可以发现，财政关系变迁的主线是解决各级政府间收入的创造问题及支出的分配问题，即保障中央财政充裕的前提下，激励下级政府开源节流，并寻求区域间的财政平衡（周黎安，2017）。其中，政府的公共服务职能特别是地方政府的公共服务职能处于次要的地位，被嵌套在各级政府间的行政事务之中。地方政府的行为逻辑受到财政关系的支配和制约，而提供有效公共服务职能的财权事权关系并不是中国财政关系确立和改革的核心（周黎安，2017），影响政府行为的是政府间分权的模式（杨灿明，2000）。因此，研究中国地方政府行为对实际汇率的影响必然要在财政分权这一财政关系的框架下进行。

3.3.2 地方政府、地方政府行为的界定与选择依据

本书的研究对象之一——地方政府，指的是管理一个行政区的政府组织。中国设置了四级地方政府框架（除直辖市及海南），即省级、地市级、县级和乡镇级地方政府。在财政分权框架下，地方政府是推动经济社会发展的重要力量，其动机、目标和行为选择深刻影响着社会经济的方方面面。

地方政府行为是较为宽泛的概念，通常包括地方财政支出、财政收入、政府规制、腐败及政府担保等行为。政府规制、腐败等行为难以进行有效可信的量化，所以学者们研究地方政府行为时通常关注的是地方政府的财政收支规模和财政支出结构。财政收支规模反映了地方政府对社会经济资源的掌控程度和能力，通常用来刻画地方政府对经济的干预和参与程度；财政支出结构则反映了地方政府的职能结构和履责重点，通常刻画了

地方政府的偏好（贾俊雪，2015）。此外，按照经济影响，还可以把地方支出行为细化为消费支出（环保、安全等）和基础设施支出（道路交通基础设施等）；按照经济性质，可以将地方支出划分为购买性支出（政府直接购买商品、服务等）及转移性支出（财政补贴等）；按照支出领域，又可以将地方支出划分为维持性支出（行政管理费用等）和经济性支出（基础设施投资）。

随着国内外关于地方政府行为研究的推进，研究焦点逐渐从“什么行为正在发生”向“行为如何发生”的方向转变（任鹏，2015），因此，围绕政府财政收支的地方政府行为研究可能会掩盖地方政府行为背后的逻辑关系。中国地方政府行为受到财政关系和经济禀赋的支配和制约，无论是财政收支规模还是结构，都难以准确刻画地方政府的深层行为逻辑。正如上节所述，地方财政的公共财政收支并不是财政关系的核心。在保障中央财政收入前提下，寻求地方政府的开源节流及财政平衡，才是地方政府与中央政府博弈的核心和重点，也是地方政府行为动机的源泉。

随着学者们对地方政府行为研究的深入，一些新的指标和测算方法被引入进来，如基于价格法的地方政府分割市场的测度（陆铭、陈钊，2009）、樊纲、王小鲁编制的《中国市场化进程年度报告》等，从更深层次和新视角刻画了地方政府行为。其中，基于价格法的市场分割测度为学者们测算地方保护主义程度提供了新的工具，《中国市场化进程年度报告》则从政府与市场关系、非国有经济发展、产品市场发育程度、要素市场发育程度、市场中介组织发育与法制环境五项指标全面刻画了各省经济体的市场化进程。地方政府在这五项指标中扮演了重要的角色，如产品市场发育程度子项中包含了政府干预价格的程度指标及商品市场上的地方保护程度指标；要素市场发育程度子项中涉及信贷资金流动和配置受政府干预程度指标。这些新的测算指标的出现推动了本书地方政府行为对实际汇率的研究工作。

本书主要以地方政府对经济的干预行为的视角，来考察财政分权背景下地方政府的行为。其中，需要研究的对象有扭曲要素市场、分割产品市场及地方政府的税收努力行为。选择这些政府行为作为研究目标，原因在于：第一，与先前学者们选择的地方政府收支规模及结构相比，本书研究选择的地方政府行为更能深刻反映地方政府的行为动机而非行为表象，是基于地方政府在财权分权框架下的效用偏好的行为刻画；第二，要素市场扭曲、分割市场及地方政府的税收努力分别是地方政府对要素市场干预、产品市场干预、财政收入干预的行为刻画，改变了现有文献在刻画地方政府行为中的刻板印象；第三，选择这三项地方政府对经济的干预行为是由于政府对经济的干预植根于中国的财政分权体系，这些干预行为与中国当前的经济体制是相容的。地方政府通常会以“合理”的姿态干预地方经济，为了实现本地经济增长、税收和就业目标，地方政府将保护本地企业，并将地区垄断的自利动机合理化，为本地市场设置经济壁垒，抬高域外企业市场准入门槛，减轻本地企业受到的竞争冲击（刘戒骄，2019）。面对区域内的产品与服务竞争，地方政府基于同样的目标约束，通过贷款和补贴等方式维持企业生存局面，使市场偏离了均衡状态。在经济互相赶超进程中，政府代替市场选择未来产业发展方向，设置产业指导目录，作为项目审批、财政补贴等优惠政策的依据，扭曲资源要素价格，从而引发过度竞争、重复建设，造成全国范围内该行业领域的产能过剩（赵卿、曾海舰，2017）。

本书的研究目的是希望降低政府对市场的歧视性干预，在干预市场的过程中，政府应公平地向所有参与市场竞争的经营者提供交易机会（刘戒骄，2019）。

3.3.3 地方政府行为与财政分权框架的晋升压力

晋升压力是“分权化威权主义”在财政分权框架下的体现，即中央及上级政府通过“晋升锦标赛”，设置激励目标并控制下级政府实现自身的政策意图，且确保地方政府的行为在中央政府的可控范围之内。财政分权体系下，地方政府官员具有一定的权力，在“晋升锦标赛”压力的驱动下，地方政府可以通过扭曲要素市场获取竞争优势。“晋升锦标赛”指同一级别的官员为了政治晋升依照优胜规则相互竞争、博弈（周黎安，2004）。优胜规则由上级政府根据不同时期的政治经济考量而制定，主要涉及 GDP 增长、环境治理等可观测指标，地方政府官员在优胜规则的指引下，通过影响地方政府的政策走向，进而影响地方政府的行为模式。“晋升锦标赛”是官员仕途与地方发展目标有机结合的产物，它的运作依赖游戏规则的可靠性和地方官员对区域经济的影响力，是财政分权体系下的政治衍生品。虽然经济发展与晋升之间可能没有直接关联，但这是实现政绩最大化的重要途径。

在中国的行政体制下，地方政府部门对区域经济有着巨大的影响力，如行政审批、政策优惠等，上级政府的偏好通过“晋升锦标赛”的方式基于地方政府部门的行为模式表达出来，从而实现政府的发展目标。地方政府部门巨大的裁量权来自中国财政制度中的分权特征。在五级政府之间（中央、省、市、县、乡），层级相邻的两级政府之间的财政关系由层级较高的政府支配，每一级政府又包干上级政府下达的任务指标，导致每一级政府都拥有一定程度的裁量权和机动性，由此导致省内部及省之间巨大的财政体系差异。

晋升压力会对地方政府的核心领导形成强激励，然而，对于广大的普通公务员而言，经济增长带来的政治晋升并不能给他们带来强激励（尹振东、聂辉华，2020），因为90%的地方政府公务员可能一生都会停滞在正科级以下职务（冯军旗，2011）。那么，为何普通公务员（包括普通干部）也热衷于推动经济增长呢？尹振东、聂辉华（2020）认为，普通公务员（包括普通干部）在工资收入之外还存在“寻租”收入，“租”的存在使地方政府在经济增长与合规管制之间存在一定程度的取舍。经济欠发达地区可以通过经济增长解决生存问题，对腐败的容忍度较高，而经济发达地区由于经济的负外部性影响很深，故对腐败的容忍度低。因此，寻求经济高速增长的地方政府可能存在较高的“寻租”收益，即便是普通公务员，热衷于推动区域经济高速增长的意愿也较强。同时，基层公务人员也存在职务层级的提升，本身也享受经济增长带来的晋升红利，因此基层公务人员通常也会受到一定程度的激励。

3.3.3.1 扭曲要素市场与晋升压力

虽然1994年中央结束了计划经济以来实行已久的“财政包干制”，但在省级以下的地方政府之间，财政关系仍属于变相的嵌套“财政包干制”下的“分税制”，只是把以前“财政包干制”财政收入的包干细化成了“分税制”下税收的包干（周黎安，2017）。“分税制”推行初期，省以下政府财政横向及纵向失衡问题突出①，省级以下地方政府收入划分的方式也多种多样，如“递增（定额）上解”及“财政收入激励制度”等包干制仍广泛嵌套于“分税制”之中，即使在分税制执行彻底的省份，省级以下地方政府依照行业企业隶属关系划分收入的情况也较多。各级地方政府在“财政包干”范围内拥有的裁量权使地方政府拥有了参与“晋升锦标赛”的财力和制度支撑。为了在竞争中获胜，地方政府有转化为“生产型”政府的倾向，通过补贴促进企业投资水平的上升及利润的增长（朱雅玲，2019），并积极参与企业招商引资，强化基础设施建设，改善投资环境，从而实现地区经济的高速增长（袁方成、姜煜威，2020）。

然而，地方政府官员在“最优”经济增长策略的选择受到官场竞争和晋升压力的制约。在任期约束内，地方官员设定的经济发展规划可能更适合于短期的经济目标，且在政治激励目录内的硬指标（GDP增长率）更容易得到关注和实现，而软指标（民生、环保）等会处于被忽视的边缘地带。历年来，地方政府积累的庞大的地方经济债务及环境“债务”均证实了这一点。最终，晋升压力下，地方官员选择的经济发展轨迹可能与本地的要素禀赋相冲突，导致地方政府对要素市场形成了扭曲，也使地方保护主义有所抬头。

地方政府在GDP增长目标指引及经济裁量权的支配下，通过在资本市场、劳动力市场、土地市场、自然环境市场等方面干预要素资源价格，使

---

① 2002年，国务院下发了《国务院批转财政部关于完善省以下财政管理体制有关问题意见的通知》，省以下财力差距较大的地区，应提高省市级财政收入比重以满足调节区域差异的要求；反之则降低该比重。

本地经济主体获得相对成本优势。地方政府干预控制行为的共同特征是人为压低要素资源价格，形成要素市场的扭曲，在短期内有利于地方政府调动整合区域内要素资源以促进经济增长，但长期看会导致要素资源配置效率的低下和经济结构的失衡（张杰等，2010）。

3.3.3.2　分割产品市场[①]与晋升压力

地方政府对区域经济进行市场封锁和保护，也是进行“晋升锦标赛”压力下地区竞争的产物。从20世纪80年代的北方羊绒区的“羊毛大战”、湖南的“蚕茧大战”到90年代之后的“内外有别[②]”政策，市场分割的手段逐渐从行政壁垒保护本地商品不受外来商品冲击转换为通过技术、监管壁垒限制竞争（周黎安，2017）。以省区为界的经济单元虽然限制了外来竞争对本地经济的冲击，但也隔绝了区域间经济协同发展的道路，特别是在势均力敌的两个经济体之间。在政治晋升和经济利益驱动下，重复建设、产业同质化等问题也浮现出来。对于热点产业和项目，各区域竞相投入资源，形成了机场建设热潮、搭建经济中心热潮、港口建设热潮等现象。

在行政交界的地方，省际形成了狭长的贫困带，即使在经济资源丰富的地域，省际交界线也会出现贫困带。这可被看作经济体间市场分割的现实映射，其处于市场分割的边界，地区间“晋升锦标赛”的零和博弈和官员间利益补偿机制的缺失是造成交界处产生贫困带的原因（周黎安、陶婧，2011）。这是由于官员对于本地经济增长兴趣高于邻接区域。为了避免邻接区域享受本地经济增长带来的溢出收益，官员对于能够产生正向溢出效应的投资决策的重视度不够，从而导致省际形成无法协调和贸易的贫困带。

3.3.3.3　税收努力与晋升压力

地方政府干预是影响企业实际税负水平的重要因素（袁从帅等，

---

① 以下简称分割市场或市场分割。

② 通过技术标准和检验手段对区域内外商品施行双重标准。

2020），晋升考核体系将税收作为重要的制度因素，使地方政府将税收任务、税收增长视作重要的参照指标。地方政府官员需要在税收努力程度与企业税负之间进行权衡，虽然完成税收任务、实现财政盈余是地方政府官员晋升的重要指标，但地方政府在区域间税收竞争中仍面临“减税”的压力。为了吸引投资扩充税基，地方政府需要在区域间税收竞争与税收任务之间进行平衡。晋升压力的存在保证了地方政府税收努力的底线，即在税收竞争环境下仍能保证一定程度的税收努力。

3.3.4 地方政府行为与财政分权框架中的财政压力

财政压力迫使地方政府寻求构建独立于中央政府和上级政府的地方利益结构，相关政府行为体现了“中国财政联邦主义”中寻求自身财政收益最大化并形成地方发展型政府的思想。“分税制”虽然构建了稳定的财政分权结构，但极力压缩了地方政府的财政收入，扩大了地方政府的支出责任范围，使地方政府的预算内收入难以负担区域经济的基本支出，财力缺口持续扩大，使各级政府的支出压力层层向下级政府转嫁[①]。

1994 年“分税制”改革一举扭转了中央财政收入占比持续下降的问题，稳定了税收分享机制，并划定了各级政府事权范围。相比之前纷繁复杂的包干制度，“分税制”围绕税收分成解决了长期以来我国财政体制的可信承诺问题。同时，国税局的成立及中央独享收益、共享收益（增值税）的划分在税收执行力度及税源层面保障了中央财政收入的稳定，淡化了地方政府与企业的属地化关联，冲击了以往属地行政发包机制，开启了中央垂直化收权的序幕（周黎安，2017）。

根据表 3 - 1 和表 3 - 4 所示，省级政府相比中央政府的税收分享比重在 2001—2012 年是持续下降的，且显著低于 1995 年 48%[②]的水平；省级政府财政自由度水平持续下降，也远低于 1995 年水平。这表明分税制开启

---

① 2002 年，国务院下发了《国务院批转财政部关于完善省以下财政管理体制有关问题意见的通知》，规定省市级政府承担的财政支出，不可层层向下级政府转嫁。

② 数据来自周黎安（2017）。

的中央政府垂直化收权政策使财政资源大幅度向中央政府倾斜，但省级以下政府实质上仍采用财政包干制，使省级政府在面临收入比重和支出压力一降一升的状态下，有可能向下级政府转嫁财政压力。相对弱势的地方政府，除了向更低层级政府转嫁压力外，还要逐渐寻求在现有财政框架下的生存之道。

“分税制”加剧了地区间的收入差距，造成了各地区财政能力和人均公共产品间巨大的差异，原因是税收在中央与各省间的分成比例是相同的。各地经济发展的水平是存在差异的，留存地方的税收收入的绝对金额对发达地区和欠发达地区来说差距极大，从而造成各省区市之间显著的差异。同时，中央政府对地方政府的转移支付政策也为地方政府设置了隐性壁垒，部分来自中央政府的转移支付会附加条件（如地方政府配套资金及约定使用用途），从而增加了地方政府的财政负担，使欠发达地区原本捉襟见肘的财政状况雪上加霜。

3.3.4.1 扭曲要素市场与财政压力

当前，中国财政分权整体上呈现出“财权上移，事权下移”的格局，对于大部分地方政府而言，都依赖于上级政府的转移支付以应对地方政府的财政饥渴，从而扭曲了当地的资源配置，恶化了当地营商环境（史贞，2020）。而地方政府支出分权程度的提升一定程度上增加了地方政府的支出压力，加剧了要素市场扭曲的程度。

随着地方政府的理性支出行为严重依赖于财政关系，在多任务的支出责任和有限的财政资源的矛盾冲击下，地方政府倾向于将有限资源投入经济绩效显著且易于测量的经济目标之上（孙开、张磊，2019）。当地方政府财政压力过大时，辖区内的经济增长质量（詹新宇、苗真子，2019）可能会持续恶化。此时地方政府将倾向于增加预算外的替代性收入，以保障地方政府的运转及原有的利益格局，从而加剧地方政府间的“逐底竞争”，采取如放松环境管制（李胜兰等，2014）、低价出售土地（赵文哲、杨继东，2015）及转嫁财政压力给企业（马光荣、李力行，2012）等措施来缓解财政压力。政府的不理性行为会进一步导致资金配置的扭曲，改变现有企业间的资金配置状态，恶化金融市场（Buera 等，2011），并导致工人水平与生产率的错配，进一步扭曲劳动力市场的资源配置状态，从而降低企业劳动生产率（Banerjee 和 Moll，2010；Guner 等，2008）。黄寿峰（2020）以中国农业税改革为自然实验，发现财政压力使企业资本要素呈现扭曲状态，而且会破坏企业最优规模与实际发展的耦合关系，增加企业税收负担和交易费用，降低企业资源的配置效率和经济绩效。因此，当财政分权扩大了地方政府的支出份额及权限后，在一定程度上也增加了地方政府的财政压力，加剧了对要素市场的扭曲。

3.3.4.2 分割产品市场与财政压力

地方政府的财政压力会使地方政府在正常财政收入之外寻求缓解压力的渠道，“以邻为壑”式的分割市场策略可以使区域经济获得短期的增长红利，从而缓解区域内的财政压力。地方政府的区域保护政策通过对辖区内税基进行制度、财政、税收层面显性或隐性的保护，使企业获取超越一般经济主体的市场地位，并免受外来竞争者的竞争，从而缓解了地方政府的财政压力，实现了地方政府税基的稳定增长。财政压力下的地方政府分割市场策略构建在割据的“经济王国”基础之上，意味着地方政府的财政压力会扩张其财政支出责任。地方政府不仅要为“温室”里的经济主体不断提供财政扶持，而且要应对同类区域经济体可能采取的报复措施及上级政府的惩罚举措，二者不断推升了地方政府分割市场的成本并扩张了财政支出边界。

3.3.4.3 税收努力与财政压力

财政压力及财政压力的差异会造成地方政府税收努力程度的不同表现。地方政府的财政压力会导致地方财政资金缺口的扩大，非但不能激发地方政府提升税收努力的积极性，反而会促使地方政府更加依赖中央转移支付的资金，从而将公共支出成本转嫁给中央政府及其他辖区政府（贾俊雪、应世为，2016；储德银等，2019）。地区间横向的财力差异会对发达地区和欠发达地区造成不同的影响，发达地区具备稳定的税基和高质量的税源，为地方政府提升税收努力提供了物质基础。同时，发达地区居民及企业对基础设施及营商环境更高层次的要求也促使地方政府提升税收努力程度以强化本区域的经济优势。而欠发达地区要面临公共财政支出与低税收能力的冲突问题，从而要抑制自身的税收努力，寻求对中央财政转移支付的依赖（储德银等，2019）。

当然，地方政府税收努力程度还取决于它拥有的收入自主权。当地方政府拥有较高的税收裁量权时，它通常选择低税收政策以强化对辖区内企业的税收激励，从而吸引更多的投资。但税收裁量权较低时，地方政府通常会选择高支出竞争策略以促进经济增长、提升税收，应对财政压力（贾俊雪、应世为，2016）。

除了税收努力程度的变化，地方政府还积极扩充预算外财政收入，以缓解其财政压力。预算外财政是不纳入国家预算管理，由地方政府自收自支且自行支配的财政资金，其实质是中央政府刺激地方政府发展积极性而预留给它的自由财力，是缓解地方政府财政压力及解决中央政府可置信承诺问题[①]的重要工具。随着2014年新《预算法》的颁布，形式上，预算外财政已成为历史，但更隐秘的预算外收入依然存在。

3.3.5 三种行为是地方政府行为本身还是行为结果

毋庸置疑，地方政府的税收努力必然是地方政府行为本身，因此，本部分探讨的重点在于扭曲要素市场与分割产品市场。之所以探讨这两项，是因为政府行为本身也是政府行为结果，由于要素市场扭曲与分割市场是地方政府行为本身，则该行为是地方政府在财政激励、政治激励及寻租激励下自身利益最大化的选择（马万里、李齐云，2017）。如果要素市场扭曲与分割的市场是地方政府行为的结果，则这二者可能是本书未考量到的其他政府行为的副产品，从而违背了本书的初衷。

随着财政体系从“财政包干制”向“分税制”的演变，地方政府从计

---

① 周黎安（2017）认为，如果没有预算外财政，上级政府对下级政府的增收激励的可信度会降低，允许预算外财政的存在，是变相承诺上级政府不会与下级政府争利。

划经济时代中央政府的附庸演化成为具有自身效用偏好的重要市场参与者，地方经济利益意识的复苏使地方政府的行为逐渐差异化（马万里、李齐云，2017）。因此，我们判断要素市场扭曲与产品市场分割[①]是行为本身还是结果的基准，应是二者是否是地方政府基于自身利益做出的主观选择。如果是，即使造成了“要素市场扭曲”和“分割市场”的结果，也不应怀疑该结果是二者行为本身产生的结果。

要素市场扭曲通常表现为资本市场、劳动力市场、土地市场及自然资源市场的扭曲。在资本市场上，地方政府通过财政补贴、贷款支持等方式，降低资本价格并牺牲经济效率；在劳动力市场上，隐性的户籍壁垒在深层次影响着劳动力资源的流动；在土地市场上，地方政府控制着土地的供给，可以通过工业用地和商住用地之间的价格“剪刀差”实现经济利益的平衡及竞争优势；在自然资源要素市场，地方政府掌控着环境污染的成本及惩罚力度。因此，地方政府几乎决定了所有市场要素价格的扭曲程度，从而可以将要素市场扭曲认定为地方政府的行为之一。

分割市场可能有利于经济增长，从而激励地方政府采取地方保护主义和分割市场的政策。陆铭、陈钊（2009）的研究表明，对于96%以上的样本，分割市场有利于经济增长，发达地区的省份更倾向于采用分割市场的方式实现经济增长，这是由于它们可以采用国内市场换国际市场的策略。分割市场通常表现在地方政府通过制度性措施扭曲区域间的商品流通渠道，人为地制造市场间的裂痕。在中国市场经济一体化的背景下，只有地方政府有能力在一定范围内维持分割的区域市场免受区域外的经济冲击，因此，本书可以认定分割产品市场也是地方政府的行为之一。

3.3.6 不在同一框架中研究三种行为的原因

樊纲等（2011）认为，要素市场的发育程度应从金融业市场化、劳动

---

① 准确的表述应为“分割市场”，但基于先前学者惯用“市场分割”，故本书沿用该词，同理，本书也将要素市场扭曲表述为扭曲要素市场。

力市场化及技术成果市场化三个领域进行考察，产品市场的发育程度则应从市场决定价格程度及商品市场的地方保护程度进行考察。另外，税收努力应从地方政府运用其税收能力获取税收收入的程度来考察。地方政府在这三个领域的行为并不存在重叠区域，分别是地方政府在要素市场、产品市场和收入领域对经济的干预行为。但由于地方政府行为是压力型财政体制下多目标冲突博弈后选择的结果，行为目标的多样性及冲突性意味着如果将三种地方行为纳入同一个研究框架中，可能会导致地方政府行为对实际汇率效果的抵消或排挤。因此，本书分别从要素市场扭曲、产品市场分割与税收努力行为视角对实际汇率的影响进行研究。

这三种行为以“政府行为如何发生”的逻辑作为起点，分别作用于要素市场、产品市场及税收三个领域，基本覆盖了财政分权背景下地方政府的主要行为，有效拓展了现有政府行为研究的广度和深度。

3.4 地方政府行为与实际汇率的关系

在现有有关政府与实际汇率的文献研究中，政府通常被聚焦于“支出”的行为定位。学者们通过研究政府支出在部门之间的分配（Balvers 和 Bergstrand，2002；Galstyan 和 Lane，2009；殷德生，2004；陆前进，2017；梅冬州等，2020），来研究政府行为对实际汇率的影响。然而，政府支出行为是内嵌于政府行政框架内的，并不能全面反映政府的行为逻辑，如基层政府“化缘财政”的问题[①]（田先红，2021）表现为“找钱”“跑项目”在部分地方政府中是其工作的重心。这些游离于政府支出之外的行为，更为深刻地搅动着区域经济的政治、经济生态，也是政府行为与实际汇率研究中亟待关注的方向。

内部实际汇率反映了区域经济不可贸易品与可贸易品的相对价格，是

① 基层政府不仅要完成行政事务，提供公共服务，还要努力弥补财政缺口以维持地方政府的运转。

生产和消费的价格信号。地方政府对要素市场的扭曲会替代市场对要素资源在市场主体间进行配置，导致价格信号不能优化配置要素资源。扭曲的要素价格信号会导致企业的研发活动在资本获得性方面产生偏差，进而缩减研发投入（李永，2013）。最终，资本市场的扭曲会打断行业由劳动密集型向技术密集型转换的进程，减弱企业自主创新的能力（陈经伟、姜能鹏，2020），进而通过抑制劳动生产率的方式影响实际汇率。地方政府对产品市场的分割同样扭曲了区域间产品市场的价格信号，改由政府设定的贸易行政壁垒来调节市场主体的供求，引导居民消费沉淀在本地市场，企业则与地方政府共享市场分割带来的超额回报和税收利益，抬高了本地价格水平，最终影响实际汇率。地方政府税收努力的变化会影响公共产品的供给水平，使可贸易部门与不可贸易部门的相对生产率及劳动者的实际工资发生变化，从而影响实际汇率。

地方政府行为对实际汇率的影响方式是多元且深远的，其原因在于政府作为市场经济的重要参与者，其行为逻辑和价值判断会成为市场经济主体的风向标，从而在要素市场、产品市场及财政税收领域对作为价格信号的内部实际汇率产生多方位的影响。本书的研究并非简单否定地方政府行为对实际汇率的影响作用，而是希望从多维度探讨地方政府行为与实际汇率的关系，丰富既有政府行为与实际汇率的研究文献。

3.5 地方政府行为选择与政策目标冲突

政策目标冲突是地方政府面临的制度性问题，深刻影响着地方政府的行为选择。中国财政分权框架下，拥有一定相对独立利益结构的地方政府，会同时受到上级政府及中央政府的制约，地方政府需要在地方自主性和上级权威性之间寻求平衡（任鹏，2015）。由于地方政府面临多目标的约束，不同位阶①之间的政策冲突难以避免。

① 位阶是等级、等次，这里指行政级别。

无论是晋升压力还是财政压力下的地方政府行为，都涉及了要素市场扭曲、产品市场分割及税收努力的问题，由此可见，这是“分权化威权主义”和“财政联邦主义”在地方政府行为中的“统一”。然而，这些政府行为与其初衷是冲突的。“分权化威权主义”下晋升压力的政策初衷在于地方政府应服从中央政府的政策，以经济发展为重心，实现区域经济间的赶超增长；“财政联邦主义”的财政利益最大化引致的财政压力问题，则寄希望于地方政府运用其区域信息优势，积极参与区域经济发展进程，实现区域财税利益的最大化。本书所指的三种地方政府行为与晋升压力及财政压力的政策初衷存在显著的冲突。

地方政府对要素市场的扭曲会干预市场对要素资源的配置状态，造成资源的浪费及生产率的下降，最终抑制经济增长；产品市场分割行为则会抬高市场门槛，抑制市场竞争并恶化制度环境；税收努力问题则体现为财力薄弱的区域更加依赖转移支付而积极向外转嫁公共财政支出，而在发达地区则不存在这样的问题。地方政府的三种行为与分权框架下的制度、政策目标和初衷皆是冲突的，是什么力量引致了地方政府行为的偏差呢？

地方政府行为的偏差是中央政府政策目标与地方政府对策之间冲突的体现，主要是中央政府政策的贯穿执行程度会受到地方政府需求偏好、信息可得性及政府层级的制约。地方政府的行为选择框架是中央政府有限约束下自主行动的集合。地方政府是游走于地方利益与上级约束之间，时刻根据上级政府决策“注意力”配置资源的策略家（任鹏，2015；章文光、刘志鹏，2020），且距离地方政府行政层级越远的政策，越易被忽略。在“注意力”支配下，地方政府需要时刻关注中央政府及上级政府的战略目标的调整并保证有效政绩，同时也要实现自身财政利益的最大化，当二者发生冲突时（如环保压力与就业压力冲突，增长与节能减排冲突），地方政府的行为选择会导致政策间的冲突，呈现中心任务压倒一切的特征。此时，地方政府对区域经济的管制能力是其面临动态目标约束下可否作出有效政府行为的关键。

无论是地方政府的扭曲要素市场、分割产品市场，还是税收努力行为，本质都是地方政府对区域经济的管制干预。地方政府通过对要素市场、产品市场和财政收支的调节，可以充分调动引导经济资源以实现并应对中央及上级政府确定的任务目标及目标的调整；反之，如果地方政府对市场的干预程度及财税政策灵活度不足，则难以应对政府目标冲突问题（诸如就业、维稳与经济效率的冲突、环保与经济增长的冲突等）。因此，就像对低效率企业“输血”那样，对区域内企业市场的保护及税收的调节等措施成为地方政府面临多目标、动态目标冲突下的权变回应。同时，地方政府将中央及上级政府政策目标次序与地方财政利益最大化有机结合，然后选择性关注易于量化的经济目标（郁建兴、高翔，2012），同样会扭曲经济资源的配置状态。

本章梳理了新中国成立以来中国财政改革的历史变迁，并对 1994 年之后的中国各省财政分权水平进行了测算。本章向我们呈现了每个时段中国财政权力在各级政府间的历史变迁，并在 1994 年之后的“分税制”式的财政分权制度中映射出历史的影子。本章还对中国财政分权的程度进行了测度和讨论，更清晰地展现了各级政府实际的分权水平。

本章同时诠释了财政分权背景下地方政府的行为逻辑机理及其与实际汇率的关系。在晋升及财政双重压力下，地方政府会通过扭曲要素市场、分割市场及调整税收努力程度的方式缓解压力。当然，诸如土地财政、政府规制等政府行为也与财政分权有着千丝万缕的关联，但并未在本章展开阐述。

4. 实际汇率的定义、分类及测算

4.1 实际汇率的定义

实际汇率，又称真实汇率，指经过两国间价格因素调整后的汇率水平。根据不同的用法和算法，实际汇率通常分为外部实际汇率和内部实际汇率。如果将两国间实际汇率关系改为一国和一国之外的其他国家间的实际汇率关系，则这个实际汇率关系就被称为实际有效汇率，通常需要双边贸易额为权重，对价格或者成本及名义汇率进行加权，进而得出实际有效汇率（杨盼盼、徐建炜，2011）。实际汇率是相对价格概念，衡量的是本国价格与外国价格之间的相对水平或本国不可贸易品部门与可贸易品部门的相对价格水平，实际汇率升值，通常是指本国价格相对外国价格上升或者本国不可贸易品部门相对可贸易品部门相对价格上升；反之亦然。

实际汇率作为抽象的经济学概念，不存在于任何外汇交易市场中（杨盼盼、徐建炜，2011），而存在于各种机构的研究数据库之中。国际货币基金组织（IMF）根据单位劳动力成本和消费者价格指数计算了21个工业国和主要发展中国家中的有效实际汇率，中国社会科学院世界经济与政治研究所发布了中国行业层面实际有效汇率，赵进文、苏明政（2014）测算了中国1998—2010年省际的实际有效汇率，这些机构和学者的研究从不同角度勾画了实际汇率的轮廓，为本章的实际汇率研究指明了方向。

以贸易品衡量的实际汇率，被称为可贸易品实际汇率，对其从收入视角来看，实际汇率的升值意味着本国商品可以兑换较多的外国商品，会使居民收入增加；反之收入减少。从国际竞争力的视角来看，实际汇率的升值意味着本国商品相比国外商品的价格较高，从而降低了商品市场竞争力水平；反之竞争力提升（杨盼盼、徐建炜，2011）。用不可贸易品与可贸易品相对价格进行衡量的实际汇率，被称为内部实际汇率。对内部实际汇率而言，实际汇率的上升通常意味着不可贸易品部门相对可贸易品部门具有较高的价格水平。从资源转移视角来看，实际汇率上升意味着更多的资源会从可贸易部门转移到不可贸易品部门；反之亦然。从消费视角来看，实际汇率的上升意味着居民消费会从不可贸易品转向可贸易品。

当绝对或者相对购买力平价条件成立时，实际汇率是一个常数，但是因为存在市场分割、价格黏性等现象，所以会使购买力平价条件不成立，使实际汇率的变动成为常态。

4.2 外部实际汇率、可贸易品实际汇率与内部实际汇率

外部实际汇率为 $Q = \frac{SP_D}{P_I}$，其中，S 为间接标价法下的双边名义汇率，P_D 为国内价格指数，P_I 为 I 国的价格指数，该指标上涨，表示总体实际汇率上升。由 $P_D = P_N^{\alpha} P_T^{1-\alpha}$，$P_I = P_{IN}^{\alpha^*} P_{IT}^{1-\alpha^*}$，$N$ 为不可贸易品部门，α 为不可贸易品部门比例，T 表示可贸易品部门，$1-\alpha$ 为可贸易品部门比例，I 表示 I 国。

则有：$Q = \frac{SP_D}{P_I} = \frac{SP_N^{\alpha} P_T^{1-\alpha}}{P_{IN}^{\alpha^*} P_{IT}^{1-\alpha^*}} = \frac{SP_T}{P_{IT}} \frac{(P_N/P_T)^{\alpha}}{(P_{IN}/P_{IT})^{\alpha^*}}$

其中，Q 为外部实际汇率，公式的第一部分为可贸易品实际汇率，衡量了名义汇率及国内外的价格差异，即偏离一价定律的因素，如交易成本、市场议价能力等因素造成的对一价定律的偏离。第二部分为国内外相对价格的相对之比，如果外部国际环境没有显著变化，第二部分则完全是国内相对价格的变化，即 $(P_N/P_T)^{\alpha}$ 表示的就是内部实际汇率（杨盼盼、徐建炜，2011），因此，内部实际汇率衡量了本国不可贸易品与可贸易品的相对价格，这部分更容易受到国内政治经济环境的影响。

当购买力平价条件成立，可贸易品实际汇率 $S\frac{P_T}{P_{IT}}=\theta$，其中，$\theta$ 为常数。

假设外国内部实际汇率为常数时：

$$Q=\frac{SP_D}{P_I}=\theta\frac{(P_N/P_T)^{\alpha}}{(P_{IN}/P_{IT})^{\alpha^*}}$$

两边取对数，得：

$$\hat{Q}=\alpha(\hat{P}_N-\hat{P}_T)$$

这表明，外部实际汇率与内部实际汇率的变动并非完全一致，但有一定的联系，内部实际汇率变动会引起外部实际汇率一定程度的变动，变动的程度取决于国内不可贸易品的比例（张斌，2005）。

4.3 不同实际汇率测度方法及其内涵

Hirsch 和 Higgins（1970）最早提出了关于“有效”汇率的理论，在布雷顿森林体系崩溃之后，该理论得到了进一步发展。名义有效汇率是一篮子双边名义汇率的加权平均数，而实际有效汇率是对名义有效汇率进行类似相对价格加权或者成本几何加权①调整的值，即：

$$Reer=Neer\prod_{i=1}^{m}\left(\frac{p_i}{p_j}\right)^{w}$$

其中，名义有效汇率 $Neer=\prod_{i=1}^{m}Bner_i^{w}$，$Bner$ 是双边名义汇率指数。

学界和专家对于实际有效汇率测算方式并不相同，核心差异集中在对权重的测算及对 p 变量的选择上（价格指数或成本等）。

4.3.1 权重构造的选择

4.3.1.1 国际清算银行的权重设定

国际清算银行（BIS）对于权重的设定包括来自制造业的双边贸易权

① 国际清算银行和国际货币基金组织都认为应采用几何加权的方式对实际汇率进行测算。

重和第三方的市场权重，这被称为“双重”模式。这种以贸易为基础的加权方法隐含了不同原产国之间只有一种商品是不同的条件，且具有恒定的替代弹性。在理想状态下，只要实际汇率保持不变，交叉汇率的变化并不会影响经济产出，并且一种商品的假定会忽略不同类型商品间的替代弹性的变化，以及这些商品的不同需求价格弹性和收入需求弹性。因此，国际清算银行测算的实际汇率可能无法充分反映按类型区分的商品的相对需求和价格因素，实际汇率更适合核算发达经济体制造业间的竞争，而不适用核算那些难以被出口替代的发达经济体与新兴经济体之间的汇率关系（Klau 和 Fung，2006）。

Turner 和 Van't dack（1993）给出了计算贸易权重的方法。假定经济体包括 i 国、j 国、k 个其他市场国及 h 个其他生产国。i 国经济体在 j 国的贸易权重，是通过核算进口权重、出口权重及总权重，综合反映 i 国在 j 国实际汇率货币篮子中的分量。

$$\text{进口权重}\ w_i^m = m_j^i / m_j \tag{4.1}$$

$$\text{出口权重}\ w_i^x = \left(\frac{x_j^i}{x_j}\right)\left(\frac{y_i}{y_i + \sum_h x_h^i}\right) + \sum_{k \neq i}\left(\frac{x_j^k}{x_j}\right)\left(\frac{x_i^k}{y_k + \sum_h x_h^k}\right) \tag{4.2}$$

$$\text{总体权重}\ w_i = \left(\frac{m_j}{x_j + m_j}\right) w_i^m + \left(\frac{x_j}{x_j + m_j}\right) w_i^x \tag{4.3}$$

其中，m_j^i 是 j 国向 i 国进口量，x_j^i 是 j 国向 i 国的出口量，y_i 是 i 国制造业产出中对自身的供应量，$\sum_h x_h^i$ 是 h 个国家（除了 j）对 i 国的出口总额，$\sum_h x_h^k$ 是 h 个国家（不包括 i 和 j）对 k 国的出口总额。

式（4.1）为 i 国在 j 国的进口权重，j 国向 i 国的进口量占 j 国总进口量的比重。该比重越高，表明 j 国越依赖 i 国商品，i 国的汇率变化越能对 j 国经济及实际汇率的货币篮子造成影响。式（4.2）是 i 国在 j 国的出口权重。右边第一部分是 j 国出口商品在 i 国市场上直接竞争的权重，$\left(\frac{x_j^i}{x_j}\right)$是 j 国向 i 国出口商品占 j 国总出口量的份额，$\left(\frac{y_i}{y_i + \sum_h x_h^i}\right)$是 i 国本地制造业商品占总进口量（除 i 国）及本地产值之和的比重，反映了 i 国本地商品在该国的竞争能力，i 国出口商品占 j 国出口份额越高，或 i 国本地商品在该国的竞争能力越高，表明 j 国在 i 国的出口商品面临较强的本地商品竞争，则 i 国对 j 国实际汇率的货币篮子的影响越大。右边第二部分除 i 国之外的第三方市场竞争权重。$\left(\frac{x_j^k}{x_j}\right)$ 是 j 国向 k 国出口额占 j 国总出口额的比重，$\left(\frac{x_i^k}{y_k + \sum_h x_h^k}\right)$ 是 i 国向 k 国的出口额占 k 国自身产出与 h 个第三方国家向 k 国的出口额之和的比重，反映了 i 国商品在 k 国市场的竞争力水平，二者相乘表达了 i 国和 j 国在第三方国家的竞争程度，该值越高，i 国对 j 国实际汇率的货币篮子的影响就越大。式（4.3）为总权重指标，对 j 国的总进口额占 j 国进出口总额的比重与总出口额占 j 国进出口总额的比重进行 i 国进口权重和出口权重的加权，最终得出 i 国在 j 国的总权重。

4.3.1.2 国际货币基金组织的权重设定

2019 年之前，国际货币基金组织计算实际汇率指数的权重是商品贸易、制造业及服务权重之和。根据国家覆盖范围与产品的国内竞争状况，国际货币基金组织将实际有效汇率的算法归为两类：其一，根据国际货币基金组织掌握的 184 个国家的贸易流量计算全球体系权重，并基于消费者物价指数（CPI）计算实际有效汇率；其二，根据工业国的贸易流量及本国产品在每个市场的竞争状况计算权重，基于单位劳动力成本（ULCs）计算实际有效汇率。这两种方法都采用加总不同的贸易类别。在居民消费品部门中，假设每种商品都是完全可替代的，因此权重取决于某种商品与其他国家的商品在全球供求竞争中的相对重要性程度。在工业品部门中，权重取决于两国间的贸易流动及它们在第三市场的出口竞争状况。在工业国计算权重中，第三市场竞争取决于本国商品和外国商品在第三市场的需求状况，而在全球体系计算权重时，则假定直接贸易对象和第三市场具有相同的贸易权重。服务业权重仅适用旅游业贸易的量，即游客到来的数据。然后将这三项进行加总（Bayoumi 等，2006）：

$$W_{ij} = a_M W_{ij}(M) + a_c W_{ij}(C) + a_T W_{ij}(T)$$

其中，$W_{ij}(M)$、$W_{ij}(C)$ 和 $W_{ij}(T)$ 分别是 i 国和 j 国在制造业、商品贸易和服务业的权重，a_M、a_c 和 a_T 分别是 i 国对外贸易中这三种贸易形式的权重。

2019 年 2 月，国际货币基金组织发布了修订后的实际有效汇率指数，新指数将权重（Bayoumi et al.，2006）不断更新并考虑了贸易模式的变化。国际货币基金组织从 2004 年 1 月开始每三年更新一次权重计算方法，已经计算了 2007—2009 年、2010—2012 年和 2013—2015 年的新权重，并重新计算了 2004—2006 年的修订权重。权重是根据从联合国、经济合作与发展组织、世界银行、世界旅游组织和联合国工业发展组织收集的有关制造业、商品贸易和服务业的三年官方数据平均值算出的。

$$W_{ij} = (a_M + a_s) W_{ij}(M) + a_c W_{ij}(C) + a_T W_{ij}(T)$$

其中，a_s 为 i 国对外贸易中服务贸易（非旅游）的权重。

与旧的权重体系相比，新权重体系有以下两个特点。首先，考虑将第三方市场的原工业国权重的计算方法应用扩展到 164 个国家，使原本基于全球体系和工业国体系之间的计算差异逐渐消失；其次，服务业贸易由原有的仅包含旅游业扩展到所有服务贸易范围，由于服务贸易缺乏全面数据，故将服务贸易（除旅游业）权重等同于制造业权重。

4.3.1.3 国内学者的权重设定

国内学者通常使用本国进口、出口或者进出口总额的比重来确定权重（张斌，2005；赵登峰，2006）。俞乔（2000）最早提出，实际有效汇率中的权重可以根据本国与主要伙伴国的经贸联系程度来计算，其选择了 22 个（14 个经合组织和 8 个亚洲新兴经济体）主要的贸易对象国家（地区）分别计算中国与贸易对象国家（地区）的进出口权重。还有部分学者直接将中美两国名义汇率、美国批发价格指数及中国消费者价格指数计算出的双边实际汇率指代人民币实际有效汇率（林伯强，2002；胡再勇，2008；陈浪南、陈云，2008）。

中国社科院异质性有效汇率数据库（IWEP – HEER Database）对于进口、出口的权重划分进行了研究，其提出进口和出口的权重应各占

50%，即：

$$W_{ij} = 0.5 \times \frac{EX_{ij}}{\sum_{j=1}^{40} EX_{ij}} + 0.5 \times \frac{IM_{ij}}{\sum_{j=1}^{40} IM_{ij}}$$

其中，EX_{ij}是省 i 出口到国家 j 的规模，IM_{ij}是省 i 从国家 j 进口的规模，且采用时改变了权重方法，力图与国际清算银行权重年限间隔保持一致。

4.3.2 指数的选择

实际汇率测算中会涉及价格指数的选择，经常使用的价格指数有消费者价格指数（CPI）、批发价格指数（WPI）、生产者物价指数（PPI）和GDP 平减指数（GDP Deflator）。由于不同指数的内涵和外延不同，因此，指数的选择会对实际汇率的测算结果产生显著影响。

4.3.2.1 消费者价格指数

消费者价格指数是实际汇率测算中最常用的指数。这是由于 CPI 与居民的日常消费成本紧密相关，据此计算出的实际汇率可以更好地反映本国消费品和服务价格水平的实际价值与竞争力（杨盼盼、徐建炜，2011）。另外，各国的 CPI 数据较为全面易得，为计算实际汇率提供了数据条件。以中国为例，国家统计局会公布全国和各省的年度、季度和月度 CPI 数据，其会选择代表性的商品和服务（消费数量大、价格变动趋势有代表性及合格品要求）来代理全部的商品和服务，主要包括食品烟酒、衣着、居住、生活用品及服务、交通和通信、教育文化和娱乐、医疗保健、其他用品和服务八大类。其中，食品类和非食品类大致权重为 20% 和 80%，且以 2005—2010 年这五年为一个权数周期，每年根据居民消费模式变化略作调整。CPI 丰富的内涵和易得性，使其在计算实际汇率的过程中通常被视为首选。

然而，在涉及国外价格指数时，CPI 指数的选取存在质疑的声音。CPI 中包含了部分不可贸易品部门的价格信息。Harberger（2004）认为，计算实际汇率的价格指数应实行“非对称原则”，即本国选择了 CPI 之后，外国不能再选择 CPI 作为价格指数，本国居民并不能消费国外的不可贸易品，因此，国外的价格指数应选择可贸易品价格指数。显然，实践中国际货币基金组织并没有认可这种做法，因为这种“非对称性”忽略了实际汇率的竞争属性，并使国际的实际汇率比较变得异常困难（杨盼盼、徐建炜，2011）。

4.3.2.2 批发价格指数

批发价格指数（WPI）是反映不同时期商品批发价格水平变动趋势和程度的经济指标，该指标产生于商品进入零售环节之前。作为批发商和零售企业的订货价格，对零售价格具有决定性影响。批发价格指数对商品流通环节高度敏感，且具有更广泛的物价代表性，可用来代理可贸易品价格指数（Betts and Kehoe，2008）。然而，在中国，除台湾省外，均未发布该指数[①]。批发价格指数通常用来计算可贸易品实际汇率，通常应用在工业体系多元的发达国家，而在以原材料生产加工的发展中国家并不适用。

4.3.2.3 生产者价格指数

工业生产者出厂价格指数（PPI）是工业企业产品第一次出售时的出厂价格的变化趋势和变动幅度的反映，中国的 PPI 涵盖了 1638 个基本分类的 2 万多种工业产品的价格，涉及全国 5 万余家工业企业，涵盖了大部分可贸易品部门。通过 PPI 计算出的实际汇率，可以衡量本国可贸易品与外国可贸易品的相对竞争力。

4.3.2.4 GDP 平减指数

GDP 平减指数是名义 GDP 和实际 GDP 之比，反映全社会所有产品和劳务价格变动的情况，但由于是季度数据，其应用范围不及 CPI。使用 GDP 平减指数计算的实际汇率可以反映国内生产成本和国外生产成本的相对变化，但它假定了本国出口价格指数等同于国内 GDP 平减指数，本国进口价格指数等同于贸易国 GDP 平减指数，从而难以判断实际汇率的变化是国内生产成本变化原因还是贸易条件变化导致的（张斌，2005）。

4.3.2.5 不同测算指标的差异

从权重选择来说，无论是国际货币基金组织的权重指标还是世界银行

---

① 农业农村部 2005 年 11 月 11 日起，每天在中国农业信息网和《农民日报》等媒体上发布的“全国农产品批发价格 200 指数和批发价格指数”，但目前国内的 WPI 仅限于农产品。

的权重指标，都更全面细致地反映了第三方市场对权重的影响，这依托于这些国际组织拥有联合国、经济合作与发展组织、世界银行、世界旅游组织和联合国工业发展组织等提供的翔实的数据支撑。国内学者的测算多基于以目标经济体的进口额、出口额作为权重的计算依据，第三方市场不在考虑范围内，这点主要是受到数据可得性的制约。

从价格指数选择来看，消费者价格指数是从消费者支出、福利视角测算的实际汇率。批发价格指数与生产价格指数是从贸易品视角计算的可贸易品视角汇率，偏重反映经济体的国际竞争力水平，但受到国际商品购买力平价因素的制约。这些指数计算的实际汇率更多地反映了制约购买力平价条件的因素变化。GDP 平减指数计算的实际汇率从生产者成本视角反映了经济体的国际竞争力，但该实际汇率的变化难以区分成本和贸易条件的影响程度。从指数涵盖的范围来看，消费者价格指数计算的实际汇率包含了进口价格指数，但剔除了出口价格指数，GDP 平减指数则包含了出口价格指数，但剔除了进口价格指数（张斌，2005），从而导致当贸易条件发生有利变化时，GDP 平减指数计算的实际汇率在上升，而由消费者价格指数计算的实际汇率在下降。

4.4 中国实际汇率及省际实际汇率的测算

4.4.1 外部实际汇率

中国整体与省际的实际汇率的计算方法相同，都将中国或单个省看作一个经济体，通过该经济体与其贸易对象的权重及价格指数，计算该经济体相应的实际汇率。本书测算的外部实际汇率算法基于张斌（2005）定义的支出法外部实际汇率，核心指标使用的是涵盖全部商品的支出价格变化的消费者价格指数（CPI），这点与国际货币基金组织在测算真实有效汇率指数时使用的指数是一致的。CPI 从支出视角全面反映了经济体间的价格水平，同时兼顾了实际汇率指数的竞争属性。贸易权重编制方法则与中国社会科学院世界经济与政治研究所（以下简称“社科院世经所”）Yang 等（2016）编制的人民币分省有效汇率方法大致相同，但不同的是，社科院世经所编制的人民币分省有效汇率中，分省贸易权重指标使用的是出口权重与进口权重各占 50% 的方式计算，但社科院世经所测算的是名义有效汇率，并未涉及价格层面的因素。当测算囊括价格因素的实际汇率时，本书则选择进出口加总的方式计算贸易权重，然后每年再根据贸易状况调整权重，主要是人为设定进出口比例可能会掩盖真实的贸易权重，如某省对贸易对象国的出口额度很高，但进口极少，以此计算的权重会低估真实的贸易权重；反之同理。

具体算法：首先选择样本期 2001—2019 年内稳定出现在中国对外贸易对象排名中前 40 名的 30 个贸易对象国家或地区①，稳定占据了中国对外进出口总额的 80% 以上，然后计算样本期内②这些贸易对象国家或地区每年对中国（或各省）的进出口总权重 w；其次，根据各个贸易对象国家或地区每年货币及人民币对美元的名义汇率③计算出以人民币为标准、外国货币表示的各国名义汇率 Ner；再次，以 2010 年为基期，整理出各贸易对象国家或地区的 CPI_i 数据④；最后，同样以 2010 年为基期，整理出各省在样本期的 CPI_i 数据⑤。

通过整理出的数据，根据公式 $REER = \prod_{i=1}^{30} [(Ner_i \times CPI_d)/CPI_i]^w$，计算出中国及各省的以 2010 年为基期的实际有效汇率指数（见表 4－1）。

---

① 这些国家或地区分别是美国、日本、中国香港、韩国、德国、中国台湾、澳大利亚、马来西亚、巴西、俄罗斯、印度、荷兰、泰国、沙特阿拉伯、新加坡、印度尼西亚、英国、法国、意大利、加拿大、南非、伊朗、越南、阿联酋、墨西哥、巴基斯坦、菲律宾、比利时、西班牙、土耳其。

② 由于 2001 年缺失各省对外贸易数据，故使用 2002 年权重代理 2001 年权重，与先前学者使用的滚动权重（每隔若干年固定一个权重）相比，本书的权重设置更为灵活且贴近现实。

③ 数据来源于国际货币基金组织中 IFS（International Financial Statistics）数据库。

④ 各贸易对象国（地区）以 2010 年为基期的 CPI 数据来源于国际货币基金组织中 IFS 数据库，但阿联酋 2001—2006 年的 CPI 数据来自国际清算银行（BIS）数据库，中国台湾 CIP 数据来自万得（Wind）数据库，并以 2010 为基期对原数据进行了调整。

⑤ 2001—2018 年各省 CPI 数据来源于 EPS 中国宏观经济数据库，2019 年数据则来源于 CEIC 数据库。

表 4－1　　2001—2019 年中国及分省外部实际汇率

地区＼年份	2001	2002	2003	2004	2005	2006	2007	2008	2009	2010	2011	2012	2013	2014	2015	2016	2017	2018	2019
北京	100	97	102	106	109	104	100	110	105	100	107	90	105	81	79	92	116	111	82
天津	92	91	85	74	67	74	89	99	95	100	108	108	109	79	100	86	77	78	85
河北	168	163	140	169	178	155	181	154	103	100	89	96	98	117	156	154	125	146	121
山西	221	216	166	136	141	117	115	134	109	100	93	90	92	140	180	172	160	139	158
内蒙古	196	188	225	151	118	93	100	104	122	100	106	93	142	148	143	266	200	217	139
辽宁	185	183	174	144	143	113	118	120	105	100	109	105	113	115	154	141	120	104	99
吉林	254	243	172	108	208	128	103	114	110	100	107	75	75	78	94	95	108	107	128
黑龙江	161	155	152	109	102	98	101	77	103	100	112	105	94	120	144	126	83	120	115
上海	115	114	104	105	96	93	91	101	96	100	107	112	110	114	141	133	121	130	144
江苏	104	103	97	98	100	88	86	93	97	100	104	110	119	124	133	131	123	136	143
浙江	127	129	113	99	90	95	101	115	106	100	117	122	125	121	119	119	116	117	127
安徽	119	117	99	91	73	70	74	72	84	100	83	88	105	135	128	133	153	128	124
福建	115	113	104	97	82	83	89	96	93	100	113	116	120	127	125	123	126	139	140
江西	164	163	154	126	129	112	105	108	101	100	104	110	124	174	175	212	191	228	223
山东	142	139	127	114	100	101	98	98	111	100	97	100	104	97	117	108	97	99	101
河南	110	109	127	109	113	106	97	96	81	100	100	133	130	172	190	158	160	145	146

续表

地区＼年份	2001	2002	2003	2004	2005	2006	2007	2008	2009	2010	2011	2012	2013	2014	2015	2016	2017	2018	2019
湖北	66	65	58	75	92	64	63	91	101	100	93	91	109	124	143	148	131	125	144
湖南	138	135	111	121	109	96	96	108	89	100	93	109	95	111	114	132	110	112	111
广东	84	83	84	83	79	79	85	94	97	100	108	121	129	146	136	135	146	166	155
广西	75	75	71	77	71	108	147	129	91	100	128	81	64	105	249	549	1435	1516	1035
海南	67	66	124	66	157	159	111	59	74	100	108	136	183	202	183	145	115	99	115
重庆	304	315	320	155	90	64	81	78	86	100	68	48	52	99	96	107	94	97	130
四川	88	87	77	100	107	83	92	111	121	100	86	84	95	79	89	95	152	164	178
贵州	204	202	127	120	133	144	168	124	101	100	92	85	88	209	168	115	117	134	110
云南	53	52	66	68	49	44	97	66	108	100	115	119	144	113	185	300	378	274	235
陕西	166	160	149	153	162	129	130	154	109	100	114	121	183	234	301	416	423	452	604
甘肃	122	120	387	282	136	126	68	84	70	100	89	67	85	384	415	241	227	352	291
青海	169	172	255	243	137	149	64	124	64	100	149	94	212	208	304	667	458	283	415
宁夏	93	90	173	133	64	78	80	91	66	100	120	103	141	134	166	252	133	119	113
新疆	171	163	154	119	177	163	126	201	117	100	139	144	353	468	460	437	307	245	255
中国	102	101	97	95	91	87	91	100	99	100	106	111	116	123	131	130	130	137	136

4.4.2 外部实际汇率的稳健性验证

为了验证上述方法测得的实际有效汇率指数的稳健性，本书将国际货币基金组织、国际清算银行数据库中人民币实际有效汇率指数（2010 年 = 100）与本书计算的以中国整体为测算对象的实际有效汇率指数（2010 = 100）进行对比（见图 4 - 1）。

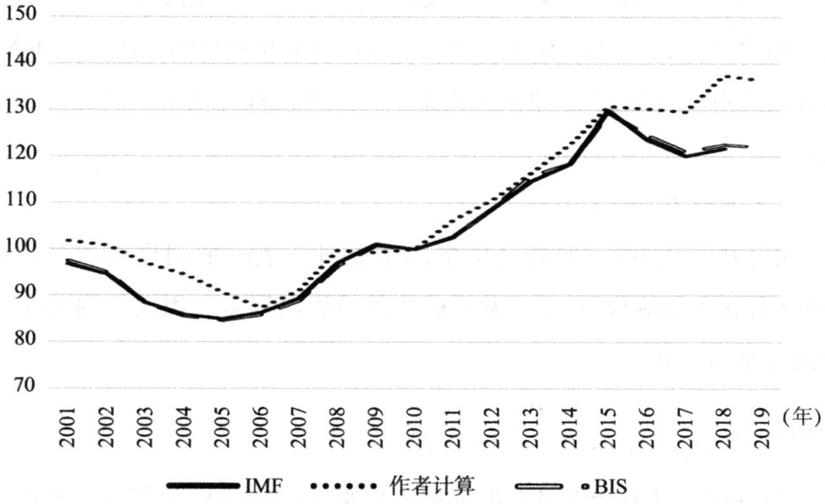

图 4 - 1　人民币实际有效汇率测算结果的比较

从图 4 - 1 可以看出，以本书选择的 30 个贸易对象国家或地区为权重基准，计算出的人民币实际有效汇率基本走势与国际货币基金组织和国际清算银行计算出的人民币实际有效汇率指数一致，表明基于此方法计算出的各省的实际有效汇率指数具有合理性。

4.4.3 内部实际汇率的含义

内部实际汇率是不可贸易品与可贸易品的相对价格，反映了不可贸易品部门和可贸易品部门产品的相对价值。通过内部实际汇率，可以判断经济体内部更偏好于激励不可贸易品部门发展或是可贸易品部门发展（张斌，2005）。内部实际汇率升值，即不可贸易品与可贸易品相对价格上升，表明经济体可贸易品利润降低，资源会从可贸易品部门向不可贸易品部门转移，不可贸易品部门会扩张。同时，居民消费会从不可贸易品转向可贸易品，对可贸易品的需求增长。内部实际汇率的计算公式为：

$$IRER = P_N/P_T$$

P_N 代表经济体不可贸易品价格指数，P_T 代表经济体可贸易品价格指数。

从内部实际汇率的计算公式可以看出，名义汇率与内部实际汇率是割裂的，但事实上，名义汇率是会影响国内可贸易品价格的。Hinkle 和 Nsengiyumva（1999）将名义汇率纳入内部实际汇率的计算之中，并进行了如下定义：

$$P_{Td} = E_d \cdot P_{Tf} \cdot (1 + t)$$

其中，P_{Td} 是国内可贸易品价格，P_{Tf} 是外币表示的到岸可贸易品价格（该价格包含了运输成本），t 为关税及贸易管制因素。因此，内部实际汇率公式可重写为：

$$IRER = \frac{P_N}{P_T} = \frac{P_N}{E_d \cdot P_{Tf} \cdot (1 + t)}$$

传统理论通常不会将名义汇率纳入内部实际汇率的计算中，从而将一价定律与内部实际汇率分开讨论。Hinkle 和 Nsengiyumva（1999）关于内部实际汇率的讨论结果是：既承认了一价定律存在的合理性，又隐含了本国可贸易品价格也会受到名义汇率影响的含义。一价定律定义了贸易品的价格只受到名义汇率和国际商品到岸价格的影响，而受到其他影响的商品应归属于不可贸易品（当商品受到高昂关税或严格进出口限制时，应将其归为不可贸易品）。关税被纳入内部实际汇率的讨论，表明考虑关税或者不考虑关税因素，会导致计算出的内部实际汇率差别很大，这是由于关税因素会使本国可贸易品价格偏离国际商品到岸价格。

与计算外部实际汇率相比，计算内部实际汇率最大的问题在于现实中并不存在可贸易品价格指数或者不可贸易品价格指数这类的数据，从而使大量的价格数据被用来代理可（不可）贸易品价格指数，而且把外部实际汇率的算法硬套入了内部实际汇率的计算，造成了实际汇率概念的混乱。可贸易品是可以进入国际贸易市场进行出口和进口的商品集合。当这种商品是可出口时，无论这种商品出口了还是用于国内消费，都被归入可贸易品；当这种商品已被进口或者是国内可生产这种进口的商品，也都被归入可贸易品。当外部实际汇率贬值时，国内可贸易品的可出口程度提升，但进口度下降。事实上，只有一部分商品和服务是与实际汇率不相关的，我们称之为不可贸易品，但对可贸易品与不可贸易品进行区分是非常困难的事情。同时，在大部分国家公布的数据中，并没有关于可贸易品价格指数和不可贸易品价格指数的统计，而是进口价格指数和出口价格指数。Hinkle 和 Nsengiyumva（1999）认为，进口价格指数和出口价格指数仅包含了可贸易品篮子中的一部分商品，用进口和出口品代替可贸易品会严重低估可贸易品的范围，导致使用进口价格指数或出口价格指数计算的可贸易品价格指数出现偏颇。同时，商品的可贸易性还会随着外部实际汇率的变化而变化。

Devarajan et al.（1993）将不可贸易品重新定义为“半贸易品”或国内商品，它们与出口商品及进口商品可进行一定程度上的替代，并被视为 GDP 剔除出口的部分或者国内吸收剔除进口的部分，将该部分平减指数视为国内商品价格指数。可贸易品为进口商品、出口商品及非要素服务贸易（Nonfactor Services）。可贸易品价格指数是出口价格指数与进口价格指数的加权平均（权重依赖于进口品、出口品及非要素服务贸易在 GDP 中的比重），可通过两种指数计算内部实际汇率。

Hinkle 和 Nsengiyumva（1999）提出，可以使用可贸易品部门和不可贸易品部门的现价增加值和不变价增加值来计算相对价格指数，从而算出内部实际汇率。这种方法仍然没有解决可贸易品部门和不可贸易品部门分类的问题。如果只将满足一价定律的商品认定为可贸易品，那么可贸易品在现实世界中屈指可数，从而和实际汇率理论中的可贸易品大相径庭。Gregorio et al.（1994）使用了 1970—1985 年 OECD 国家的可贸易品部门和不可贸易品部门进行了研究，认为当部门产品中 10% 及以上用于出口时，该部门即可定义为可贸易品部门；否则为不可贸易品部门。按照这个标准，农业、采矿业、制造业与交通运输业部门可以被定义为可贸易品部门，其余则为不可贸易品部门。也有学者直接定义某些部门为可贸易品部门。Ménil et al.（1994）在评论 Gregorio et al.（1994）的研究中，也将农业、采矿业、制造业、运输业视作可贸易品部门，但其认为国内客运和货运属于不可贸易品部门，同时，服务贸易分量在现实中也被严重扩大了。由于更高纬度分类数据的匮乏，使被定义为可贸易品的部门不可避免要存在不可贸易品；反之亦然（Hinkle 和 Nsengiyumva，1999）。

4.4.4 中国分省内部实际汇率的测算

学者们在中国的内部实际汇率研究中，面临两大难题。第一，可贸易品与不可贸易品的划分问题。唐旭、钱士春（2007）将国内第二产业视为可贸易品部门，第三产业视为不可贸易品部门。在国外（美国），一般将耐用品和非耐用品部门视为可贸易品部门，服务业则被视为不可贸易品部门。陈智君、施建淮（2015）在构建的三部门模型中，将农产品和工业品视为可贸易品，服务业视为不可贸易品。杨长江和任栋（2011）在测算巴萨效应时，将工业品视作可贸易品，服务业视为不可贸易品；鄂永健和丁剑平（2007）及徐建炜和杨盼盼（2011）将制造业视为可贸易品部门，服务业视作不可贸易品部门；徐冬阳和刘晓辉（2019）根据投入产品表计算了可贸易性比例，认为可贸易品部门包括制造业、批发和零售业，餐饮及酒店服务业，运输、仓储及通信业，不可贸易品部门包括农、林、牧、渔业，建筑业，房地产业和金融业。基于以上学者的分类，我们发现学者们关于可贸易品和不可贸易品的分歧很大。第二，数据的可得性难题。学者们在还原巴萨模型所描述的可贸易品和不可贸易品部门时，在遵照理论指引下，也考量了数据的可得性问题。中国分省的行业数据并不支持从中提取出可用的长周期价格信息，即使我们还原了巴萨模型中可贸易品部门和不可贸易品部门的划分，也不能从公开的数据中获取相关行业的平减指数，从而阻碍进一步测算内部实际汇率。

由于商品可贸易性的变化及分类的分歧，严格复制巴萨模型中可贸易品部门和不可贸易品部门已不可能，本章根据唐旭、钱士春（2007）和赵进文、苏明政（2014）的做法，将第三产业作为不可贸易品部门，第二产业作为可贸易品部门。以第三产业生产总值（当年价）及第三产业生产总值指数和第二产业生产总值（当年价）及第二产业生产总值指数，计算不可贸易品部门和可贸易品部门（以2010年为基期）的平减指数，将两个平减指数相除，得到各省份的内部实际汇率。具体数据见表4－2。

4.4.5 外部实际汇率与内部实际汇率的关系

在国外条件不变的情况下，内部实际汇率与外部实际汇率具有一定的联系，但并非完全同向运动，内部实际汇率变动会引起外部实际汇率一定比例的变动，该比例大小取决于经济体中可贸易品部门的比重（张斌，2005），还取决于外国内部实际汇率是否足够大（当外国内部实际汇率足够大时，会导致外部实际汇率与内部实际汇率反向运动）。从图4－2可以看出，中国的人民币内部实际汇率基本走势与外部实际汇率走势趋同，侧面证实了使用平减指数方法测得的内部实际汇率结果的稳健性。但是，由于各省产业结构的差异，省际内部实际汇率和外部实际汇率的关系更趋复杂。陈智君、施建淮（2015）从产业结构的角度分析了内部实际汇率与外部实际汇率的关系，其认为外部实际汇率下降会导致生产可能性边界在“工业－服务业”平面上扁平化扩张，从而引起工业与服务业实际产出之比上升，可贸易品与不可贸易品价格比下降，导致内部实际汇率上升。2015年第三季度之后，人民币相对于美元的名义汇率下降，导致外部实际汇率下降。但是，由于国内房地产市场的快速膨胀，不可贸易品部门价格上升速度要快于可贸易品部门价格的上升速度，此时，内部实际汇率再升值的话，就抵消了外部实际汇率贬值带来的贸易红利（彭文生，2017）[①]。

---

① http：//www.modernbankers.com/html/2017/financiercon_0718/537.html.

表 4 - 2　　1994—2018 年中国及分省内部实际汇率

地区＼年份	1994	1995	1996	1997	1998	1999	2000	2001	2002	2003	2004	2005	2006	2007	2008	2009	2010	2011	2012	2013	2014	2015	2016	2017	2018
北京	47	51	48	50	53	56	57	60	61	60	57	82	86	90	87	99	100	103	105	108	114	120	124	123	122
天津	57	55	61	64	68	72	70	74	77	75	74	71	71	73	67	93	100	104	110	115	121	134	157	160	156
河北	85	89	89	90	93	97	95	95	97	94	88	97	98	98	93	102	100	100	106	108	111	119	120	120	125
山西	87	111	86	84	82	101	100	96	90	82	73	94	95	93	85	103	100	98	116	126	149	193	202	165	169
内蒙古	82	92	72	72	72	72	79	76	74	74	63	95	94	90	83	104	100	98	104	114	132	137	157	203	205
辽宁	72	74	76	74	83	84	80	84	85	85	89	90	90	90	84	105	100	101	107	109	121	138	163	161	163
吉林	83	90	93	98	99	97	89	98	98	96	94	112	110	106	104	105	100	101	102	106	108	119	133	140	166
黑龙江	67	71	67	68	72	73	67	71	72	69	64	82	82	86	84	109	100	97	123	130	152	179	201	219	223
上海	61	65	67	69	71	74	74	76	77	74	73	81	81	84	85	99	100	100	103	108	116	121	123	117	113
江苏	65	69	75	77	80	82	82	83	84	83	78	80	83	86	89	93	100	106	112	118	126	134	137	134	135
浙江	72	74	75	75	76	80	87	95	99	97	95	96	94	96	95	99	100	101	105	109	114	117	118	126	131
安徽	68	102	62	64	77	79	87	86	86	87	84	111	111	111	107	105	100	98	101	105	116	134	140	147	159
福建	68	77	79	80	82	89	87	86	86	87	86	87	88	94	93	101	100	104	109	111	116	121	123	129	127
江西	83	84	72	77	77	81	94	94	94	92	87	91	88	85	86	104	100	104	114	118	128	141	156	154	164
山东	75	78	81	82	84	88	86	89	91	85	80	80	83	87	85	93	100	107	116	124	136	144	147	150	155
河南	76	83	85	86	91	94	94	95	96	99	96	98	98	100	97	101	100	104	111	118	148	164	169	173	183

续表

地区 \ 年份	1994	1995	1996	1997	1998	1999	2000	2001	2002	2003	2004	2005	2006	2007	2008	2009	2010	2011	2012	2013	2014	2015	2016	2017	2018
湖北	73	99	76	75	77	76	75	76	78	82	82	103	103	108	106	101	100	100	101	108	123	128	131	140	140
湖南	72	74	73	74	74	84	86	87	88	97	94	94	94	92	86	102	100	98	101	104	109	115	122	128	138
广东	53	63	60	63	64	65	67	69	70	67	66	85	86	90	91	100	100	102	105	108	113	118	122	126	127
广西	79	89	78	77	93	95	92	96	99	96	90	110	110	107	105	106	100	99	108	112	122	126	129	156	155
海南	80	86	85	89	85	89	90	88	87	87	86	91	85	88	83	102	100	98	103	105	127	134	138	133	129
重庆	81	86	91	85	87	93	95	99	103	105	102	124	123	117	114	99	100	109	129	142	182	189	193	197	214
四川	83	83	69	70	68	71	70	84	83	83	90	96	97	97	92	101	100	99	108	111	129	158	182	198	207
贵州	57	58	62	63	63	73	71	73	74	69	65	80	80	83	78	102	100	106	107	102	96	102	101	99	106
云南	94	89	81	79	79	86	88	86	85	85	80	94	95	97	97	105	100	115	118	124	133	142	151	159	158
西藏	86	86	93	71	80	85	88	97	129	94	87	113	112	108	102	105	100	98	100	104	109	116	115	108	106
陕西	82	90	95	95	102	97	95	97	95	96	93	97	86	87	83	104	100	96	98	101	112	128	135	132	133
甘肃	118	110	95	98	98	93	97	96	94	90	81	111	105	104	104	110	100	110	118	123	139	177	191	190	187
青海	83	96	99	102	102	101	97	99	101	100	97	104	98	94	90	103	100	94	99	102	124	149	159	189	196
宁夏	70	69	71	70	68	65	63	65	65	60	57	84	81	80	75	97	100	106	114	119	128	135	138	143	149
新疆	154	175	165	141	145	143	121	126	126	114	102	116	103	106	99	119	100	99	112	125	145	168	167	157	149
中国	71	71	73	76	83	87	89	92	95	94	93	90	90	92	92	99	100	102	108	114	120	130	136	134	134

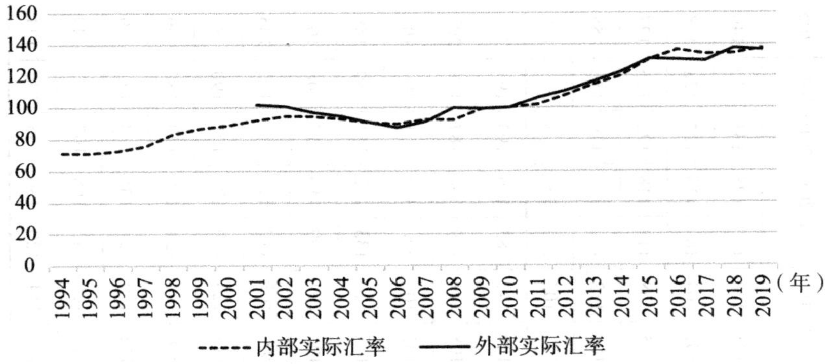

图 4－2　人民币内部实际有效汇率与外部实际汇率

4.4.6　选择内部实际汇率的原因

根据分省外部实际汇率与内部实际汇率的算法，由于人民币名义汇率在所有省份中都是一致的，故外部实际汇率的变化要更多地受到省内价格及贸易权重的影响，而内部实际汇率更容易受到国内政治经济环境的影响。本章在财政分权框架下研究政府行为对实际汇率的影响，因此，研究对象选择分省的内部实际汇率更贴合本研究的主题。

本章主要从实际汇率的定义、分类、测算方法及中国分省实际汇率的事实和逻辑进行了分析，并对测算出的实际汇率进行了稳健性验证。通过对比内部和外部实际汇率的内涵和算法，本章决定使用内部实际汇率作为研究对象。基于本章的分析，希望让读者能够了解中国实际汇率数据的事实和逻辑。

5. 扭曲要素市场对实际汇率的影响

随着中国市场经济的发展及市场体制的成熟，产品市场的市场化竞争已在经济主体间达成了广泛的共识，而要素价格的市场化进程显著落后于产品市场。根据国家发改委 2017 年 7 月公布的数据，中国 2016 年的价格市场化程度已达到 97.01%，主要由市场决定价格的机制在商品市场已基本形成[①]。然而，要素价格的市场化进程任重道远，2020 年 3 月，国务院颁布了《关于构建更加完善的要素市场化配置体制机制的意见》，要求“深化要素市场化配置改革，促进要素自主有序流动，提高要素配置效率，保障不同市场主体平等获取生产要素”。由此可见，生产要素的市场化进程任重而道远。

要素市场发展的滞后源于要素市场的扭曲，限制了该市场的竞争，财政分权体系下的地方政府则是造成要素市场扭曲的主要推手。地方政府之所以成为要素市场扭曲的推手，在于地方政府在区域经济发展进程中，有足够的能力和动机通过对要素资源配置进行管制，将要素资源优势转化为区域经济优势，具体表现为地方政府在资本、劳动力、土地、环境保护等方面对区域经济进行干预及控制，促使企业获得低价的中间要素资源，以提高其竞争优势。具体方式为地方政府通过发布区域政策文件等方式，限制要素资源在本地的自由流动，人为割裂区域间要素流动的脉络。因此，规范政府的行为，是推进要素市场化改革的重要手段。2016 年 6 月，国务院出台了《关于在市场体系建设中建立公平竞争审查制度的意见》；2017

① http://www.ce.cn/xwzx/gnsz/gdxw/201707/27/t20170727_24497876.shtml.

年相关部门出台了《公平竞争审查制度实施细则（暂行）》，要求行政机关在制定市场准入、产业发展等政策时应开展公平竞争审查，评估对市场竞争的影响，防止排除、限制市场竞争，标志着中国反垄断的重点从反经济性垄断逐步转移到反行政性垄断（余东华、张昆，2020）。

地方政府之所以会陷入扭曲要素市场的旋涡之中，在于“分税制”改革的推进导致地方政府财权上移及事权下沉，诱发了地方政府的财政和责任危机。在难以改变财权、事权关系的前提下，地方政府有较强的激励措施保障本地财源，并加强吸引外来投资以培养新的税基。地方政府通过扭曲要素市场价格，实现其区域经济利益。由于绝大部分服务业部门难以像工业部门一样形成全国性市场，地方政府可以使用其行政权力在服务业等不可贸易品部门形成要素的“区域性的卖方市场”，进而扭曲要素资源的配置状态（陶然等，2009）。

由于实际汇率是名义汇率经过价格指数调整后的汇率值，它的变动可以反映经济主体的生活成本和国际竞争力的变化，也是经济体内部要素流动的价格信号。1994 年中国“分税制”改革以来，地方政府在 GDP 竞争及“晋升锦标赛”的激励下，通过扭曲要素市场，使实际汇率所传达出的价格信号出现了失真。在经济发展进程中，要素市场的扭曲和发展滞后是造成资源配置效率低下的重要原因（张杰等，2011）。不完善的要素市场与相对完善的商品市场的组合，必然会导致商品市场的价格决定机制不能合理反映出要素的真实价值和丰裕程度，使以实际汇率为代表的价格信号出现失真。

5.1 扭曲要素市场的理论分析

5.1.1 要素市场扭曲的定义

改革开放以来，中国各级政府的制造业优先及出口导向策略与各地的要素禀赋并不完全相容。地方政府通过扭曲资金、劳动力等要素资源的价格，来满足地方经济政策导向的需求，从而导致中国的生产要素的市场化进程滞后（李言，2020）。同时，地方政府通过对要素市场进行管制，造成要素流动障碍、要素价格刚性、要素价格差别化以及要素价格被人为压低。要素市场扭曲使地方政府获得了 GDP 增加值、税收及就业的回报，资本密集型、高利润的企业得到地方政府在资金、劳动力及土地政策的优待，获得超额利润（张杰等，2011）。尽管这些企业可以利用要素市场扭曲获取短期的利润收益，但由于这种扭曲带来的租金收益是政治联系而非市场行为，使企业的寻租活动受到了更大的激励，挤出了原本流程创新和产品创新的企业投资（Boldrin 和 Levine，2004），从而长期损害企业的发展潜力（余明桂等，2010）。

地方政府扭曲要素市场的具体表现为：在资本市场，地方政府通过财政补贴、贷款支持等方式，以降低资本价格和牺牲经济效率为代价，扶持国有企业的发展，从而挤压了民营经济的生存空间；在劳动力市场，以户籍制度为核心的显性和隐性壁垒阻碍了劳动力在部门间、地域间及所有制间的自由流动（蔡昉等，2001），劳动力的市场分割使劳动者所得低于其人力资本价值，从而降低劳动积极性，降低企业的生产率（毛其淋，2013）；在土地市场，地方政府通过商住用地和工业用地的“剪刀差”，以低价工业用地吸引制造业企业入驻，降低了企业进入市场的门槛，高价出售商住用地，拉升了服务业企业进入市场的门槛；在自然环境要素市场，地方政府为了招商引资，降低地方环境标准的同时，降低环境违法惩治力度，压低自然资源环境的价格，使企业生产进程中低估环境污染和治理的成本，刺激部分低效率的工业企业发展（谭洪波，2015）。

5.1.2 扭曲要素市场影响实际汇率的路径：抑制劳动生产率

关于要素市场扭曲如何影响实际汇率，现有的研究比较少，如刘来会、徐坡岭（2018）研究发现，中国劳动力市场扭曲程度的提升会降低劳动生产率，从而抑制省际实际汇率的上升。本章基于要素市场扭曲对劳动生产率的抑制视角，可解释要素市场扭曲对实际汇率的传导机制。

5.1.2.1 地方政府信息优势破坏与劳动生产率

因为公共产品的地域性及地方居民偏好的差异性，与中央政府相比，地方政府对区域内部有更强的信息优势，所以由地方政府进行资源配置更有利于提升经济效率和区域内的福利水平（Tiebout，1956）。理论原因是：首先，由于税收资源来自区域内的劳动和创造，地方政府在使用财政资源时，会更好地权衡，以便财政资源在地方经济发展最需要的地方发挥作用，使资源使用效率最大化（唐虹，2005）。其次，地方政府对财政资源裁量权的扩大会促使区域内部的利益集团更广泛地参与地方政治决策，扩充了地方政府的信息容量，降低了获取信息的成本，使民众更深入地参与社会控制，抑制了地方官员寻租的空间，使地方政府的行为更能反映区域内各阶层的利益诉求，还降低了民众利益被扭曲的概率（唐虹，2005）。理论上，相比中央政府，区域市场经济主体与地方政府更容易形成激励相容机制，从而缓解信息不对称的压力，降低要素市场的扭曲程度，并更有效地实施财政政策。

在现实中，地方政府通常倾向于追随中央政府或同级政府释放的产业信号，追求晋升激励，忽略要素禀赋，扭曲要素市场，从而转向更为激烈的区域间同质化竞争（罗晓辉等，2018）。“分税制”改革以来，政府间财权上移、事权下放的做法，极大地削弱了地方政府的财政资源裁量权，使地方政府在依赖上级转移支付的同时捆绑了自身有限的财政资金，使地方政府原有的区域内部信息优势被有限的财政资金所限制，压缩了地方政府通过实施本地差异化产业政策的空间，迫使地方政府采取高投资的竞争手段，不断刺激经济，同时促使地方政府增加税收，为快速膨胀的政府支出融资（贾俊雪、应世为，2016）。此举极大地破坏了地方政府的信息优势，抑制了资源要素的有效整合，从而降低了企业劳动生产率水平。

信息优势丧失与企业劳动生产率之间的逻辑关系在于，对市场主体而言，政府实施政策的意图与市场主体实现政策效果之间通常会出现偏差，从而违背了政策初衷。不同市场主体能否获得财政政策扶持以及享受扶持的程度，均具有本身的客观性差异和对政策认知的主观性偏差，从而加剧市场主体的道德风险问题，造成宏观的财政政策效果大打折扣，甚至出现政策失效。因此，只有精准的区域或产业政策，使激励目标的财政政策差异化，才能提升企业盈利能力，纾解企业困难（柳光强，2016）。地方政府在财政与产业政策上对上级政府或同级政府的盲从使政策的实施效果大打折扣，无差异化的财政激励政策也可能会导致区域经济方面的产业政策在地方水土不服，给地方造成经营困难，从而抑制劳动生产率的提升。

5.1.2.2 企业创新活动抑制与劳动生产率

Hsieh 和 Klenow（2009）研究发现，如果中国的要素资源能够进行有效配置，工业部门的劳动生产率至少能提升 30%。在健全的市场机制下，资源要素的流动与配置遵循着优胜劣汰的原则，即资源要素不断地从低生产率部门向高生产率部门流动，劣质部门随着资源要素的枯竭被自然淘汰，行业整体的劳动生产率水平不断走向均衡并稳步提升。然而，地方政府对要素市场的扭曲使一些生产率低下的企业存活下来，政府对这些低生产率企业的保护会抑制高生产率部门的扩张，从而降低整个社会的全要素生产率（罗德明等，2012；李鲁等，2016）。如大量“同工同不酬”的劳动力、便宜的资金，使一些低生产率的生产企业即使不进行技术研发与创新，也能在市场上生存和发展。同时，要素市场扭曲还导致低效率的企业利用较低价格的生产要素获取市场地位，从而阻止更高生产率的企业进入市场（盖庆恩等，2015）。

要素市场扭曲显著挤占了企业的研发投入空间。企业在不健全的要素市场中，需要不断投入资源以建立与地方政府间的稳定关系，以期继续获得地方政府在劳动力、资金、土地等资源要素方面的扶持，从而挤占原本可投入创新活动的资金，使要素资源在企业间难以达到最优的配置状态，进而抑制企业劳动生产率的提升（刘竹青、佟家栋，2017；毛其淋，2013）。

要素市场扭曲还会恶化制度环境，降低高强度专用性投资行业的投资占比，使投资者转向劳动密集型产业，从而阻碍制造业内部产业转型升级（杨继东、杨其静，2020）。总之，要素市场扭曲打破了市场经济的正常运行机制，使优秀企业难以通过淘汰劣质企业得到市场红利，实现规模扩张。同时，要素市场扭曲还挤占了企业研发投入资金，降低了行业整体的劳动生产率水平。目前，学界普遍认为要素市场扭曲会对生产率造成破坏，抑制劳动生产率的提升，使实际汇率贬值。

根据以上分析，本章提出以下假设：

HA：扭曲要素市场的行为会导致实际汇率降低。

HB：扭曲要素市场的行为通过降低劳动生产率的渠道使实际汇率下降。

5.2 扭曲要素市场影响实际汇率的研究设计、数据及指标度量

5.2.1 模型设定

在财政分权背景下，实际汇率的变化不仅取决于财政分权程度，还受到要素市场扭曲程度的制约。因此，本章在设定基准模型的基础上，设定中介效应模型，体现中介效应渠道对实际汇率的影响。本章考察实际汇率的估计模型有：

$$\ln irer_{it} = c_0 + c_1 fac_{it} + Z'_{it}c_2 + \mu_i + \delta_t + \varepsilon_{it} \tag{5.1}$$

$$pr_{it} = a_0 + a_1 fac_{it} + Z'_{it}a_2 + \mu_i + \delta_t + \varepsilon_{it} \tag{5.2}$$

$$\ln irer_{it} = b_0 + b_1 fac_{it} + b_2 pr_{it} + Z'_{it}b_3 + \mu_i + \delta_t + \varepsilon_{it} \tag{5.3}$$

式（5.1）是基准模型，其中，$\ln irer_{it}$ 是实际有效汇率指数的对数值，μ_i 、δ_t 和 ε_{it} 分别代表省份固定效应、时间固定效应及扰动项。fac_{it} 是要素资源扭曲指标，Z'_{it} 是相关控制变量。

根据理论部分的分析，要素资源扭曲会通过劳动生产率机制影响实际汇率，本章借鉴中介效应的检验方法（温忠麟、叶宝娟，2014），构建式（5.2）、式（5.3）。其中，fac_{it} 是要素市场扭曲变量。根据中介效应逐步检验法的路径，第一步对式（5.1）基准模型进行回归，检验参数 c_1 是否显著；第二步对式（5.2）进行回归，检验参数 a_1 是否显著；第三步对式

（5.3）进行回归，检验参数 b_2 是否显著，若显著，则中介效应成立；若 b_1 显著，则存在部分中介效应；若 b_1 不显著，则存在完全中介效应。

5.2.2 数据描述

本章使用中国2001—2016年的26个省的平衡面板数据进行计量分析，数据来源于EPS数据库、CEIC数据库、中经网统计数据库及万得数据库。根据财政分权的内涵，本章将北京、天津、上海、海南的数据剔除，不纳入分析样本，原因是北京、上海、天津等直辖市的单一城市特征不符合本章财政分权体系下权力梯度的特征，海南和西藏的样本数据不连贯或匮乏，从而也被剔除。

5.2.2.1 被解释变量：实际汇率

本章被解释变量为内部实际汇率，它反映了不可贸易品部门与可贸易品部门的相对价格，可以判断经济体内部更偏好于激励不可贸易品部门或者可贸易品部门。可贸易品部门相对价格上升（内部实际汇率贬值），贸易品部门利润提升，经济资源从不可贸易品部门流入可贸易品部门，贸易品产出增加，同时，居民消费也会由可贸易品转移至不可贸易品，改善贸易余额情况（张斌，2005）。

本章内部实际汇率的测算公式为：

$$IRER = P_N/P_T$$

式中，P_N 代表经济体不可贸易品价格指数，P_T 代表经济体可贸易品价格指数。

计算内部实际汇率最大的问题是现实中并不存在类似可（不可）贸易品价格指数的数据，从而必须以其他的价格数据来代理可（不可）贸易品价格指数。本章参考既有文献（赵进文、苏明政，2014），将第二产业作为可贸易品部门，第三产业作为不可贸易品部门。首先，以1994年为基期，使用第二、第三产业现价增加值及第二、第三产业增加值指数（上年为100），计算以1994年为基期的可比价格的第二、第三产业增加值；其次，用现价增加值除以可比价格增加值，分别得到各省第二、第三产业的价格指数，然后以2010年为100进行基期调整，随后相除并乘以100后进行对数化处理，得出该省的实际汇率。

5.2.2.2 解释变量：要素市场扭曲

地方政府出于发展经济的目的，掌握土地、资本、劳动力等关键要素的定价权和分配权，造成要素市场的扭曲，使地区要素市场化进程滞后于产品市场。现有文献通常使用：

factor_1 =（各省份地区产品市场市场化进程程度指数 - 要素市场市场化进程程度指数）/产品市场市场化进程程度指数

factor_2 =（各省份地区总体市场市场化进程程度指数 - 要素市场市场化进程程度指数）/总体市场市场化进程程度指数来衡量要素市场扭曲程度（张杰等，2011）

但是，这种算法可能会存在低估要素市场扭曲程度的可能，如当产品市场化指数和要素市场化指数都很低时，会得出要素市场扭曲程度低的结论，此问题中，factor_1 比 factor_2 更严重。另外，《中国市场化进程年度报告》已经发布了八个报告，其中，第六个报告和第八个报告分别以2001年和2008年为基期进行测算，具备截面可比和年份可比的特征。因此，本章使用樊纲等（2011、2018）发布的关于中国各省、自治区、直辖市市场化相对进程的年度报告中要素市场的发育程度得分的倒数作为要素市场扭曲的代理变量，具体算法如下：

本章使用《中国市场化指数——各省区相对市场化进程报告——各地区市场化相对进程2011年报告》（以下简称“第六个报告”）、《中国分省份市场化报告2018》（以下简称“第八个报告”）为数据来源。第六个报告是以2001年为基期的1997—2009年的数据，第八个报告是以2008年为基期的2008—2016年的数据。本章以2008年两个报告中的不同数据为准绳，推出以2001年为基期的可比面板数据。以河北为例，在第六个报告中，河北2008年要素市场发育得分为4.38，在第八个报告中，2008年该指数为4.53，2009年该指数为4.54，则可以推出以2001年为基期的2009年的要素市场发育程度的得分为4.39，即4.38×4.54÷4.53，依次类推，最后取其倒数作为要素市场扭曲程度的代理变量。

5.2.2.3 中介变量：相对劳动生产率

巴萨效应认为，贸易品部门相对不可贸易品部门的劳动生产率的提升会导致实际汇率上升（Balassa，1964；Samuelson，1964）。王维（2003）将制造业作为中国的可贸易品部门，服务业作为中国的非贸易部门，各部门劳动生产率以平均实际劳动工资代替，而王苍峰、岳咬兴（2006）和唐旭、钱士春（2007）则认为，中国两部门的平均实际劳动工资并不能够准确表示两部门的劳动生产率。因此，本章效仿唐旭、钱士春（2007）的做法，首先以1994年为基期，以第二产业、第三产业增加值指数计算出实际的第二产业与第三产业增加值；其次以实际增加值除以对应产业的就业人员数量，得到人均增加值，分别作为可贸易品与不可贸易品的生产率指标；最后，将第二产业人均增加值除以第三产业人均增加值，得到可贸易品部门与不可贸易品部门的相对劳动生产率。

5.2.2.4 控制变量

（1）政府支出。Balvers 等（2002）研究认为政府支出会通过资源退出渠道和消费倾斜渠道影响实际汇率，且两种渠道的影响程度大致相同。Chen 和 liu（2017）研究了政府支出冲击对中国实际汇率的影响，他们认为实际扩张性的政府消费冲击和政府投资冲击均会导致实际汇率升值，这点与发达国家的结论不同，但符合 Mundell - Fleming 模型的预测。Miyamoto 等（2019）对125个国家和地区进行了研究，发现发展中国家的政府购买会导致实际汇率升值，而发达国家的政府购买会导致实际汇率贬值。殷德生（2004）研究认为，政府对不可贸易品部门的支出对实际汇率的影响并不是确定的。鉴于政府支出行为可能对实际汇率产生影响，本章使用省级政府一般预算支出占地区生产总值的比重作为政府支出的代理控制变量。

（2）城镇化率。王泽填、姚洋（2009）研究发现，农村人口比重越大，实际汇率的上升幅度会随着相对人均收入的提高而越小；经济发展水平越低，农村人口比重对巴萨效应的削弱程度越强。这主要是由于农村人口比重越大，隐性失业人口越多，由农村外溢到城市的城镇的劳动力工资上升幅度就越小，进而抑制巴萨效应。因此，本章通过城镇化率来控制农村人口比重对实际汇率的影响。这里使用该省常住城镇人口与总人口的比值代理城镇化率。

（3）贸易开放度。自由贸易的政策会影响实际汇率，限制进口会导致进口价格上升，客观上提升不可贸易品价格水平（王泽填、姚洋，2009；王雪珂、姚洋，2013）。为了控制贸易开放度对实际汇率的影响，本章使用各省进出口总额（境内目的地和货源地）与 GDP 之比代理贸易开放度指标。

（4）总抚养比。长期以来，人口的年龄结构会影响实际汇率，Aloy 和 Gente（2009）将生育率作为人口年龄结构的代理变量，发现债权国的老龄化会通过财富效应使实际汇率升值。杨长江和皇甫秉超（2010）研究发现，劳动力人口更偏好于消费可贸易品，他们通过实证研究发现，中国劳动力相对非劳动力人口的增长导致人民币相对美元实际汇率的升值。池光胜（2013）研究发现，老龄化会推高不可贸易品价格，使一般价格水平上升，从而导致实际汇率升值。盛斌、陈镜宇（2016）研究发现，当收入水平越高时，老龄人口比重上升对实际汇率升值越敏感。马丹（2014）认为，劳动人口占比通过需求结构机制使人民币实际汇率贬值，通过巴萨效应使实际汇率升值，但经常账户机制并不显著，且巴萨效应的正向影响大于需求结构的负向影响，最终使人民币实际汇率升值。为了控制人口结构对实际汇率的影响，本章使用总抚养比指标代理人口结构变量，总抚养比等于总体人口中非劳动年龄人口数与劳动年龄人口数之比，即各省 0～14 岁人口总数和 65 岁及以上人口总数之和在总人口中的占比。

（5）外商直接投资。外商直接投资（FDI）流入会通过提高贸易部门的相对劳动生产率，从而促进人民币实际汇率上升（胡德宝、苏基溶，2015），而范言慧等（2013）认为，不同部门的外商直接投资流入对实际汇率影响不同。其中，流入贸易品部门的外商直接投资会导致人民币实际汇率贬值，而流入不可贸易品的外商直接投资对实际汇率的影响方向不确定。本章通过各省外商直接投资占 GDP 的比重代理外商直接投资。

（6）金融发展程度。发达的金融市场意味着提供了更多的投资机会，并产生了更多的贸易品消费（Mercereau，2006），金融开放程度的高低将导致实际汇率收敛至不同的状态。对金融不开放的国家，实际汇率不仅取决于相对劳动生产率，还取决于对外净资产头寸（杨艳林，2012）。范言慧等（2015）认为，中国银行系统对个人的信贷会通过物价上涨从而导致人民币实际汇率升值，而通过巴萨效应的影响有限。本章通过各省贷款余额占 GDP 的比重代理金融发展程度变量。

（7）性别比。劳动力结构会对经济效率产生影响，女性比重对经济增长效率的影响呈“U”形变化趋势（孟望生，2019），性别失衡会对消费产生抑制作用，导致整体社会消费水平下降，且男孩家庭更为明显（戴圣涛、卜京，2019），这可能是男性家庭需要购买住房以稳定提升社会地位，以期在婚恋市场获取优势地位，从而导致作为不可贸易品的房价的上升。为了控制劳动力结构对实际汇率的影响，本章使用性别比（女性为 1）代理劳动力结构的变量。

（8）人均 GDP。Linder（1961）提出了偏好差异假设，认为当国家收入增加时，对不可贸易品需求的增长速度要快于可贸易品，进而导致不可贸易品价格上升。唐翔（2008）认为，富有居民（高生产率的可贸易品部门工人等）的需求会抬高不可贸易品价格，进而导致实际汇率升值。为了控制“富人社区效应”（唐翔，2008）对实际汇率的影响，本章使用人均 GDP 代理该变量。

5.2.2.5　描述性统计

表 5-1、表 5-2 和表 5-3 是本章的变量说明、描述性统计及相关系数矩阵，被解释变量实际汇率与要素市场扭曲指标间的相关系数显著为负。为了保证结论的严谨性，本章试图控制更多的变量以缓解遗漏变量的影响。图 5-1 是控制了其余变量的偏回归图，表明要素市场扭曲与实际汇率存在显著的负相关关系。本章仍然需要构建更加严谨的实证研究框架，以保证二者关系的稳健性。

表 5-1 变量说明

变量	变量说明	数据来源
lnirer	各省内部实际汇率	EPS 中国宏观经济数据库、万得数据库
fac	要素市场扭曲程度	《中国市场化指数报告》2011 年、2018 年
pr	相对劳动生产率	EPS 中国宏观经济数据库
gov	政府支出	EPS 中国宏观经济数据库
ur	城镇化率	EPS 中国宏观经济数据库
open	贸易开放度	EPS 中国宏观经济数据库
dp	总抚养比	CEIC 中国经济数据库
fdi	外商直接投资	CIEC 中国经济数据库及各省统计年鉴
cd	金融发展程度	EPS 中国金融数据库、CEIC 中国经济数据库
gr	性别比	EPS 中国宏观经济数据库
agdp	各省人均 GDP	EPS 中国宏观经济数据库
factor_2	要素市场扭曲程度	《中国市场化指数报告》

表 5-2 统计描述

Variables	Obs	Mean	Std. Dev.	Min	Max	p1	p99
lnirer	416	4.63	0.203	4.049	5.309	4.171	5.251
fac	416	0.261	0.165	0.044	1.25	0.086	0.847
gov	416	0.199	0.094	0.077	0.627	0.082	0.579
pr	416	2.391	0.763	0.81	5.728	1.158	4.351
ur	416	0.459	0.106	0.24	0.786	0.249	0.68
open	416	0.241	0.29	0.013	1.625	0.027	1.511
dp	416	0.382	0.065	0.194	0.576	0.255	0.539
fdi	416	0.02	0.016	0	0.082	0.001	0.071
cd	416	1.056	0.284	0.537	2.222	0.594	1.811
gr	416	1.042	0.03	0.949	1.186	0.963	1.12
agdp	416	2.655	1.827	0.298	9.675	0.446	7.743
factor_2	416	0.281	0.191	-0.362	0.868	-0.246	0.715

表 5 - 3　　相关系数矩阵

Variables	lnirer	fac1	gov	pr	ur	open	dp	fdi	cd	gr	agdp
lnirer	1										
fac	-0.370 ***	1									
gov	0.346 ***	0.150 ***	1								
pr	0.351 ***	-0.0340	0.447 ***	1							
ur	0.360 ***	-0.433 ***	-0.111 **	0.192 ***	1						
open	-0.182 ***	-0.321 ***	-0.422 ***	-0.422 ***	0.483 ***	1					
dp	-0.177 ***	0.141 ***	0.115 **	-0.193 ***	-0.586 ***	-0.155 ***	1				
fdi	-0.145 ***	-0.399 ***	-0.433 ***	-0.196 ***	0.373 ***	0.543 ***	-0.130 ***	1			
cd	0.338 ***	-0.0400	0.548 ***	0.0290	0.171 ***	0.0360	0.0390	-0.170 ***	1		
gr	0.0500	0.0790	0.217 ***	0.0630	-0.109 **	-0.110 **	0.254 ***	-0.291 ***	0.111 **	1	
agdp	0.562 ***	-0.542 ***	0.0430	0.222 ***	0.788 ***	0.280 ***	-0.502 ***	0.165 ***	0.228 ***	-0.0220	1

注：* $p<0.1$，** $p<0.05$，*** $p<0.01$。

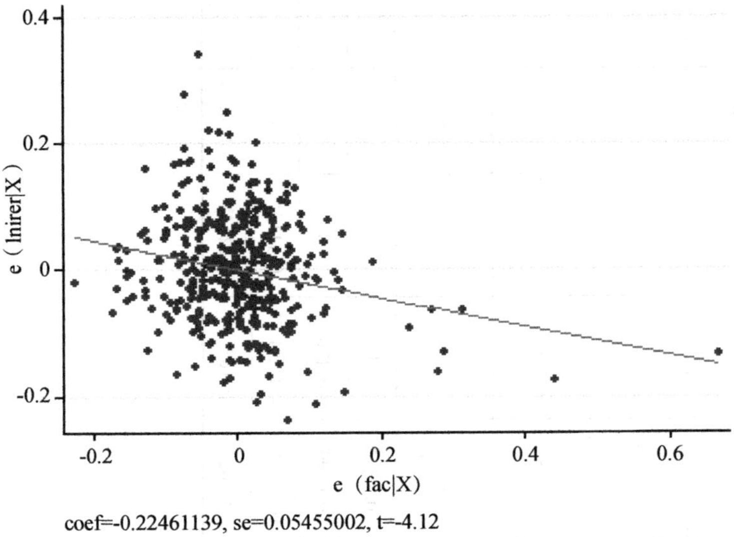

图 5－1 残差与拟合值关系图（控制了其他变量后的偏回归图）

5.3 扭曲要素市场影响实际汇率的实证分析及机制研究

5.3.1 基准模型

在表 5－4 要素市场扭曲与实际汇率的基准回归中使用面板固定效应的方法进行参数估计，原因是在固定效应和混合回归的 F 检验显著拒绝混合回归的原假设（F＝9.87，P＝0.000）；固定效应和随机效应的 Hausman 检验（Prob＞chi2 ＝0.000），显著拒绝了随机效应更有效的原假设。同时，为了解决不随时间变化而随个体变化及随时间变化而不随个体变化的遗漏变量问题，本章在回归中同时控制了省份固定效应和时间固定效应，以降低省份特征及时间变化对分析结果造成的干扰性。

表 5－4 模型（1）中，要素市场扭曲 fac 的参数显著为负，这表明区域经济随着要素市场扭曲程度的提升，内部实际汇率会贬值。随着模型（2）（3）（4）（5）（6）中相关控制变量的陆续加入，fac 参数显著性水平

稳步提升。在模型（6）中，fac 参数在 1% 显著性水平上为 -0.295，且参数值变化区间较为稳定，可以得出基准模型的研究结论，即要素市场扭曲程度的提升会导致实际汇率贬值，从而证实了假说 HA。

表 5-4 还报告了相关控制变量的回归结果。其中，政府支出 gov 的参数为负，但并不显著，表明政府支出与实际汇率之间可能并不存在稳健的关系，这主要是由于政府支出指标并未完全揭示地方政府的行为动机，这也导致众多学者在政府支出与实际汇率研究中产生了不一致结论。金融发展程度 cd 的参数显著为正，表明金融资源会导致实际汇率升值，这点与范言慧等（2015）的研究结论一致，这也表明资源要素是导致实际汇率升值的关键因素，而扭曲要素资源市场则会起到相反的作用。

表 5-4　　要素市场扭曲与实际汇率（基准回归）

Variables	lnirer (1)	lnirer (2)	lnirer (3)	lnirer (4)	lnirer (5)	lnirer (6)
fac	-0.206* (0.116)	-0.207* (0.115)	-0.227** (0.103)	-0.240** (0.097)	-0.296*** (0.088)	-0.295*** (0.086)
gov		-0.028 (0.407)	-0.016 (0.405)	-0.036 (0.422)	-0.271 (0.478)	-0.543 (0.426)
ur			0.212 (0.189)	0.174 (0.178)	0.191 (0.168)	0.257 (0.175)
open				-0.068 (0.096)	-0.066 (0.102)	-0.112 (0.114)
dp				-0.642 (0.397)	-0.579 (0.401)	-0.571 (0.397)
fdi					-0.294 (0.932)	-0.854 (0.893)
cd					0.152* (0.084)	0.148* (0.075)
gr						0.033 (0.292)

续表

Variables	lnirer (1)	lnirer (2)	lnirer (3)	lnirer (4)	lnirer (5)	lnirer (6)
agdp						-0.033 (0.025)
_cons	4.575*** (0.059)	4.580*** (0.085)	4.508*** (0.126)	4.827*** (0.203)	4.707*** (0.196)	4.734*** (0.408)
省份固定效应	YES	YES	YES	YES	YES	YES
时间固定效应	YES	YES	YES	YES	YES	YES
N	416	416	416	416	416	416
adj. R^2	0.763	0.762	0.763	0.771	0.778	0.781

注：括号内为聚类稳健标准误，且 * $p<0.1$，** $p<0.05$，*** $p<0.01$，如无特别说明，下同。

5.3.2 稳健性检验

考虑到第二产业包含了工业和建筑业，本章在稳健性检验中，将原内部实际汇率算法中的第二产业替换为工业部门①，得到新的实际汇率指数，即工业部门作为可贸易品部门，第三产业作为不可贸易品部门。首先，以1994年为基期，使用工业、第三产业现价增加值及工业、第三产业增加值指数（上年为100），计算以1994年为基期的可比价格的工业、第三产业增加值；其次，用现价增加值除以可比价格增加值，分别得到各省工业、第三产业的价格指数，然后以2010年为100进行基期调整，随后相除并乘以100后进行对数化处理，得出该省实际汇率。表5-5模型（1）和（2）报告了更改实际汇率指数后的回归结果，模型（2）则显示要素市场扭曲fac参数显著为负，这表明要素市场扭曲程度的提升仍然会显著导致内部实际汇率贬值。虽然将第二产业中建筑业部门从部门价格指数中剔除，但回归结果仍未发生大的变化，表明该结论具备一定程度的稳健性。

---

① 算法与原内部实际汇率算法相同，工业生产总值指数中1993—2011年数据源于CEIC数据库，2012—2018年数据源于各省统计年鉴，河南、辽宁和西藏统计年鉴缺失数据，以第二产业增加值指数替代。

同时，传统聚类稳健标准误同时解决了误差线的异方差和自相关两大问题，但并未解决可能存在的截面相关问题。通过对基准模型进行截面相关检验，表 5－5 中模型（4）如果使用聚类稳健标准误回归时，其 Frees' test 值为 3.887，在 1% 显著性水平上拒绝了不存在截面相关问题的原假设，因此，本章使用 Driscoll－Kraay 标准误（1998）替代聚类稳健标准误对基准模型进行回归。表 5－5 模型（3）和（4）报告了更改标准误之后的参数回归结果。相比基准模型，fac 参数的标准误显著降低，其参数显著性水平大幅度提高，再次印证了本章结论的稳健性。

本章采用张杰等（2011）提出的要素市场扭曲算法 factor_2[①] 作为核心解释变量的稳健性检验指标。该指标相较于 factor_1，对出现极端情况的容忍度更高。表 5－5 模型（5）和（6）报告了更换核心解释变量要素市场扭曲程度后的参数回归结果，模型（6）在加入了相关控制变量之后，factor_2 的参数依然显著为负，表明本章的结论不随要素市场扭曲程度算法的变化而发生改变。

表 5－5　稳健性检验——替换实际汇率、标准误及要素市场扭曲指标

变量	新实际汇率 (1)	新实际汇率 (2)	原实际汇率 (3)	原实际汇率 (4)	原实际汇率 (5)	原实际汇率 (6)
fac	−0.208* (0.121)	−0.305*** (0.101)	−0.227*** (0.038)	−0.295*** (0.044)		
factor_2					−0.078 (0.079)	−0.135* (0.069)
gov	0.088 (0.423)	−0.569 (0.438)	−0.016 (0.258)	−0.543** (0.198)	0.032 (0.394)	−0.437 (0.412)
ur	0.270 (0.212)	0.322 (0.192)	0.212 (0.123)	0.257* (0.131)	0.131 (0.210)	0.166 (0.195)
open		−0.103 (0.129)		−0.112 (0.084)		−0.168 (0.126)

① 详见 5.2.2.2 解释变量：要素市场扭曲。

续表

变量	新实际汇率 (1)	新实际汇率 (2)	原实际汇率 (3)	原实际汇率 (4)	原实际汇率 (5)	原实际汇率 (6)
dp		-0.590 (0.432)		-0.571 *** (0.177)		-0.579 (0.391)
fdi		-1.077 (0.892)		-0.854 ** (0.348)		-0.623 (0.941)
cd		0.219 ** (0.088)		0.148 *** (0.026)		0.147 * (0.074)
gr		0.009 (0.310)		0.033 (0.130)		-0.081 (0.352)
agdp		-0.035 (0.026)		-0.033 *** (0.008)		-0.030 (0.027)
_cons	4.472 *** (0.141)	4.696 *** (0.458)	4.508 *** (0.049)	4.734 *** (0.164)	4.451 *** (0.113)	4.789 *** (0.473)
省份固定效应	YES	YES	YES	YES	YES	YES
时间固定效应	YES	YES	YES	YES	YES	YES
标准误	聚类稳健	聚类稳健	D-K 标准误	D-K 标准误	聚类稳健	聚类稳健
N	416	416	416	416	416	416
adj. R^2	0.745	0.769	0.774	0.794	0.755	0.772

注：模型（3）和（4）括号内为 Driscoll - Kraay 标准误，且 * $p < 0.1$，** $p < 0.05$，*** $p < 0.01$，由于 xtscc 命令未报告调整 R^2，这里使用 R^2 替代 adj. R^2。

5.3.3 内生性问题

在缺乏合适工具变量的情况下，为进一步缓解内生性问题，表 5-6 中模型（1）和（2）分别使用了差分 GMM 和系统 GMM 方法对模型进行了重新回归。动态面板 GMM 方法被用来缓解内生性问题以提升估计的有效性（刘晨跃、徐盈之，2019），其估计结果的有效性取决于两个方面：一是不能拒绝原假设：扰动项的二阶差分自相关。可以使用 AB 检验（Arellano - Bond Test）验证；二是工具变量的有效性问题，可以使用 Hansen 检验验证。模型（1）和（2）的结果表明，AB 检验与 Hansen 检验结果均满足动态面板 GMM 估计的要求，即扰动项的差分显著存在一阶自相关，但不存在二阶自相关，且 Hansen 统计量不显著，不存在过度识别的问题。无论差分 GMM 还是系统 GMM，要素市场扭曲 fac 的参数仍然显著为负，进一步表明了本章基准回归结果及结论的稳健性。

表 5－6　　　　内生性问题

变量	差分 GMM (1)	系统 GMM (2)
L. lnirer2	0.216 *** (0.060)	0.685 *** (0.086)
fac	－0.120 ** (0.049)	－0.155 *** (0.058)
gov	－0.045 (0.376)	0.105 (0.205)
ur	－0.595 (0.477)	0.744 *** (0.238)
open	0.212 (0.205)	0.015 (0.064)
dp	0.079 (0.414)	－0.160 (0.253)
fdi	－0.202 (1.711)	－2.463 ** (0.972)
cd	0.222 ** (0.088)	0.021 (0.060)
gr	0.508 ** (0.241)	－1.219 *** (0.434)
agdp	0.016 (0.047)	－0.048 *** (0.015)
_cons		2.600 *** (0.671)
AR (1) －p 值	0.016	0.000
AR (2) －p 值	0.198	0.289

续表

变量	差分 GMM (1)	系统 GMM (2)
Hansen - p 值	1.000	1.000
省份固定效应	YES	YES
时间固定效应	YES	YES
N	416	416

5.3.4 影响机制研究

以上的分析发现，要素市场扭曲程度的提升会显著导致实际汇率贬值。在对文献的梳理和理论分析中，我们注意到，地方政府对要素市场的扭曲会通过劳动生产率的渠道影响实际汇率，这表明影响实际汇率的 B - S（巴萨效应）机制在本章理论模型中是成立的，因此还需要实证模型证实该理论。

随着省际竞争造成的经济红利带来的要素边际报酬的趋同，地方政府进一步扭曲要素市场成为继续享受经济红利的选择。表 5 - 7 中第（1）和（2）列报告了以劳动生产率为中介变量的回归结果。第（1）列是以劳动生产率为被解释变量，要素市场扭曲 fac 参数在 1% 水平上显著为负，即地方政府的要素市场扭曲政策显著降低了区域内的劳动生产率水平，要素市场扭曲破坏了地方政府的信息优势，并抑制了研发投入，从而导致了劳动生产率下降；第（2）列是将中介变量劳动生产率纳入模型回归结果，fac 参数仍然显著为负，且劳动生产率 pr 参数显著为正，表明地方政府扭曲要素市场的行为通过降低劳动生产率的渠道导致实际汇率贬值，从而证实了假设 HB。

表 5 - 7　　中介渠道检验

变量	pr 第二步（1）	lnirer 第三步（2）
fac	- 1.055 *** (0.293)	- 0.225 *** (0.080)

续表

变量	pr 第二步（1）	lnirer 第三步（2）
pr		0.067*** (0.021)
gov	2.455** (1.021)	-0.707* (0.405)
ur	0.775 (0.582)	0.205 (0.158)
open	-0.036 (0.381)	-0.109 (0.111)
dp	-1.132 (1.532)	-0.495 (0.373)
fdi	9.578*** (3.068)	-1.494 (0.885)
cd	-0.231 (0.287)	0.163** (0.066)
gr	-1.475 (1.291)	0.132 (0.243)
agdp	0.224 (0.138)	-0.048* (0.024)
_cons	3.660** (1.502)	4.490*** (0.342)
省份固定效应	YES	YES
时间固定效应	YES	YES
N	416	416
adj. R^2	0.483	0.796

本章从实证方面考察了地方政府扭曲要素市场行为对实际汇率的影响，研究发现，地方政府要素市场扭曲程度的提升会导致实际汇率贬值，要素市场扭曲通过生产率渠道造成实际汇率贬值。本章以2001—2016年中国26个省市为样本，利用面板参数模型进行了实证检验，支持了本章的理论假设。

本章的研究具有一定的政策意义。地方政府出于对经济绩效的追求，引导要素资源向产生经济绩效的部门流动，但由于各区域、各部门间要素边际报酬会趋于均衡，扭曲要素市场也成为地方经济获取低成本竞争优势的手段。随着“唯 GDP”考核评价体系逐渐退出①，产业间的结构会更趋于合理，地方要素市场扭曲的程度也会有所缓解。各省市应立足于当前经济发展阶段及产业结构的区域特点，合理引导要素资源在各产业的配置，走出符合自身要素禀赋的特色之路。

本章从地方政府扭曲要素市场这个行为视角研究了要素市场扭曲对实际汇率的影响，是后续理论与实证研究的开端。本章着重证实了两点：第一，地方政府扭曲要素市场的行为对省际内部实际汇率造成了冲击；第二，地方政府扭曲要素市场的行为与财政分权之间存在必然的联系，从而得出理论与实践方面的政策建议，并与第 3 章中“地方政府的行为逻辑”相互呼应。

---

① 2009 年 12 月底，湖南省首次明确提出“2010 年城乡居民收入增幅要与人均 GDP 增幅基本保持同步，不再将 GDP 作为考核各地的约束性指标”，同时规定了社保、扶贫等 21 项民生目标。

6. 分割产品市场对实际汇率的影响：理论与实证

中国自改革开放以来，伴随着基础设施的建设及区域经济一体化进程的推进，国内市场分割的整体水平在逐渐降低，但是中国各区域经济体之间仍存在支撑市场分割的因素，这些因素仍具备顽强的生命力。原因在于，对于地方政府而言，限制本地资源流出和外地产品流入可以更好地扶持本地经济（邓明，2014）。"斯密－杨格"定理提出：分工依赖市场的范围，同时也帮助决定市场范围。因为分割市场会限制分工及市场的范围，所以会阻碍经济的发展。历史经验表明，只有充分发挥市场的力量，才能实现经济体福利的最大化。然而，陆铭和陈钊（2009）的经验研究表明，一定程度的分割市场是有利于经济增长的。朱希伟等（2005）认为，正是分割市场限制了国内资源的跨区域流动，才促成了中国出口贸易额的增长。

产品市场的分割[①]是如何产生的呢？20 世纪末中国实施了"分税制[②]"式的财政分权制度，使"分税制"成为主导中央和地方关系的核心。"分税制"使地方政府拥有了一定的地方财政收益，促使其更广泛地参与经济活动，市场分割便是地方政府参与经济活动的产物之一。地方政府为了区域经济的利益，通过制度性措施扭曲区域间的商品流通渠道，人为地制造了市场分割。周黎安（2004）认为，嵌入经济竞争当中的"晋升锦标赛"是导致地区市场分割的重要因素。陆铭和陈钊（2009）研究发现，对于大部分地区（96% 观测点）而言，分割市场是有利于增长的，分割市场对于

---

① 以下简称"分割市场"。

② "分税制"并非近代的产物，唐后期、宋、明及近代都实行过分税制（管汉晖，2017）。

当地的经济增长具有倒“U”形的影响。对于一些开放度较高的省份，地方政府采取了国内市场换国际市场的策略。这种以邻为壑的市场分割策略引致了地方政府间的分割市场竞争，使地方政府为满足本地经济利益而延缓了全国经济一体化的进程。

国内外学者涉及市场分割现象与实际汇率的文献相对较少，最早研究市场分割与实际汇率关系的是 Friberg（2001），他认为实际汇率的波动性会促使企业在两个区域间进行市场分割，以实现跨市场套利的目的，并提出保持实际汇率的稳定是实现市场统一的基石。Rodrik（2008）认为，发展中国家的汇率被低估的现象可以促进经济增长，导致这些国家的贸易品部门受到来自政府的严重扭曲，从而产生市场分割，难以迈进高收入国家行列。徐建炜（2012）认为，城乡劳动力市场分割造成的要素价格扭曲最终会导致实际汇率偏低，偏低程度取决于市场分割程度。

对于分割市场与实际汇率的关系，先前学者多认为分割市场可以通过扭曲要素价格水平的方式影响实际汇率。而市场分割对实际汇率的具体影响机制，特别是不同区域间分割市场对实际汇率的影响机制，先前的文献并没有给出具体答案。本章从分割市场造成的分配效应、竞争效应及制度环境效应三个视角出发，研究发现，市场分割程度的提升会导致实际汇率升值。

本章的贡献主要包括以下几点。首先，本章将分割市场对实际汇率的影响路径分解为分配效应、竞争效应和制度环境效应，从居民家庭需求、企业竞争及制度环境三个层面回答了“为什么分割市场会带来价格扭曲”这个问题；其次，本章研究发现，财政支出责任越大的省份，越倾向以分割市场的方式发展经济。

6.1 分割市场对实际汇率的影响原理

6.1.1 分配效应

商品间替代弹性反映了在效用不变的条件下，边际替代率的百分比变动会引起商品需求比例的百分比变动，即区域外商品边际效用相对区域内商品边际效用变动1%，引起区域内商品需求相对区域外商品需求变动的量，就是替代弹性。替代弹性越高，表明当区域内外边际效用比例发生变动时，可以消费更多的区域内商品，从而替代区域外商品，进而保持原有效用水平；反之同理。两种要素的替代弹性反映了要素配置对要素相对价格变动的敏感程度，并通过直接的“效率效应”和间接的“分配效应”这两种途径影响最终产出（Irmen 和 Klump，2009）。当把两种要素替换成两种商品时，其结论同样适用。其“效率效应”表现为当“区域内商品－区域外商品”替代弹性大时，从效率角度而言，区域内商品相对区域外的价格优势的微小增加（抬高区域外商品进入成本），将促使区域内居民更多地消费区域内商品。“分配效应”表现为在地域优势的前提下，“区域内商品－区域外商品”替代弹性越大，区域内商品消费的份额越高；反之同理。市场分割从“分配效应”的角度对区域内外商品替代弹性产生影响。市场分割程度越高，“分配效应”的地域优势条件越充分，其越能通过替代弹性影响区域内商品的需求。

在当前财政分权体制下，市场分割表现为各省保护区域内企业免于区域外企业的竞争，进而形成区域市场优势，造成区域间市场的割裂。地方政府为了最大化本地财政收入及增长绩效，通过分割市场的行为保护了区域内的税基，并引导居民消费沉淀在本地，客观上改变了区域内外商品的替代弹性，从而提升了本地商品的需求，引起价格水平的上升，从而导致实际汇率上升。

6.1.2 竞争效应

由于国内的内需长期疲软、国外的消费旺盛，国内企业广泛积极地参与国际市场竞争，造成竞相降价的局面，形成了“竞争效应”。内需不足仅是竞争效应产生的表象，在出口市场上，低生产率企业是难以在国际市场生存及发展的，但国内市场分割使国内贸易成本与国际贸易成本存在代差，且地方政府对区域内企业存在扭曲的补贴行为，于是“竞争效应”掩盖了出口的“选择效应”①。

分割市场会扭曲商品价格的形成机制，区域间市场保护行为的报复行为及同质化竞争，会在区域内造成产能过剩（白重恩等，2004），并降低出口市场临界成本，提升国内市场临界成本（王明涛、谢建国，2020）。市场分割程度的提升在国内区域经济间抬高了生产和贸易的壁垒（如物流成本、寻租成本、准入成本及法律成本），显著激励了企业的出口行为（张杰等，2010）。市场分割促使区域内高生产率企业及区域外企业选择“出海”以寻求市场生存空间，同时，扭曲的政府补贴机制也会激励低生产率企业广泛参与国际竞争。于是，大量良莠不齐的企业在国际市场竞争，使企业出口商品的平均价格较低，且企业出口价格普遍显著低于内销价格，劳动密集型和技术密集型的出口企业加成率甚至低于非出口企业（王明涛、谢建国，2020；盛丹、王永进，2012；刘啟仁、黄健忠，2015），从而加剧了“竞争效应”。

“竞争效应”造成了出口商品价格的降低，提升了商品在国际市场的需求和竞争力，又通过替代效应②使实际汇率升值。这是由于“竞争效应”客观改变了贸易条件，贸易条件改善可以通过作用方向完全相反的两种效应影响实际汇率，收入效应③导致本币升值，替代效应导致本币贬值（Edwards，1989）。鄂永健和丁剑平（2007）也认为本国可贸易品部门生产率的提高在使本国可贸易品价格下降的同时，也使外国进口的本国可贸易品的价格降低。前者使本币贬值，而后者使本币升值，最终结果要看本国可贸易品在两国总消费中权重的比较。同时，竞争效应也导致本国可贸易品价格与不可贸易品价格出现倒挂，客观推动了国内内部实际汇率的升值。

6.1.3 制度环境效应

地方政府的市场分割行为可以缓解企业遭遇的区域外的市场竞争压

---

① 一般认为，企业出口的门槛更高，所以具有高生产率的企业可通过“选择效应”进入出口市场。

② 替代效应指在贸易条件恶化状况下，会导致国内商品需求替代国外商品，国内不可贸易品相对价格上升，实际汇率升值；在贸易条件改善状况下，则导致实际汇率贬值。

③ 收入效应指出口品价格上升使实际收入增加，促进了不可贸易品需求，实际汇率升值。

力，同时，获得保护的企业也能获得区域内部的垄断超额收益。因此，分割市场强化了市场制度环境不完善造成的不确定性，使地方政府可以通过设租的手段谋求自身效用的最大化。地方政府管辖范围内的企业可以通过寻租的方式影响市场分割政策的走向和执行，并与地方政府共享市场分割带来的超额回报和税收利益（胡军、郭峰，2013）。然而，寻租活动会以提升企业生产成本和税外负担、减少生产性投资的代价抑制市场分割引发的超额回报（王明涛、谢建国，2019）。随着超额收益的减少，企业最终会谋求政府保护下的价格上涨。

设租及寻租活动，本质上是一种“转移支付”，是监管部门直接或间接赚取实体经济利益的行为（谢平、陆磊，2003）。由于这种“转移支付”的存在，会使价格出现偏离市场供求状况的反常上升，最终由消费者来承担租金带来的商品溢价。相对于可贸易品部门，不可贸易品部门（服务业部门）难以使用“用脚投票”的方式规避“租金”成本。不可贸易品部门植根于区域经济体内部，难以像可贸易部门一样形成统一流动的全国性市场，使其价格没有统一的可参考标准。地方政府可以使用行政权力在服务业等不可贸易品部门形成区域性租金卖方市场，使服务业承担更高的租金压力（商业用地出让金的增加最终被企业通过租金方式转嫁给消费者，扩充政府部门规模，增加经营者税负压力），转嫁给最终消费者，造成不可贸易品相对可贸易品部门的价格上涨，即内部实际汇率升值。

6.2 分割产品市场影响实际汇率的研究设计、数据及指标度量

6.2.1 模型设定

本章设定如下计量模型考察市场分割对实际汇率的影响：

$$\ln irer_{it} = c_0 + c_1 msn_{it} + Z'_{it}c_2 + \mu_i + \delta_t + \varepsilon_{it}$$

其中，$\ln irer_{it}$ 是内部实际汇率的对数值，msn_{it} 是市场分割度，Z'_{it} 是相

关控制变量，μ_i、δ_t 和 ε_{it} 分别代表省份固定效应、时间固定效应及扰动项。

6.2.2 数据描述

本章使用中国 2001—2016 年的 26 个省的平衡面板数据进行计量分析，数据来源于 EPS 数据库、CEIC 数据库、中经网统计数据库及万得数据库。根据本章分析的框架与财政分权的内涵，本章将北京、天津、上海、海南的数据，不纳入分析样本，原因是北京、上海、天津等直辖市的单一城市特征不符合本章财政分权内涵中权力梯度的特征，海南和西藏的样本数据不连贯或匮乏，从而也被剔除。

6.2.2.1 被解释变量：实际汇率

本章被解释变量为内部实际汇率，它反映了不可贸易品部门与可贸易品部门的相对价格，可以判断经济体内部更偏好于激励不可贸易品部门或是可贸易品部门。可贸易品部门相对价格上升（内部实际汇率贬值），贸易品部门利润提升，经济资源从不可贸易品部门流入可贸易品部门，贸易品产出增加，同时，居民消费也会由可贸易品转移至不可贸易品，改善贸易余额情况（张斌，2005）。

本章内部实际汇率的测算公式为：

$$IRER = P_N/P_T$$

其中，P_N 代表经济体不可贸易品价格指数，P_T 代表经济体可贸易品价格指数。

计算内部实际汇率最大的问题是现实中并不存在类似可贸易品价格指数或者不可贸易品价格指数的数据，从而必须以其他的价格数据来代理可（不可）贸易品价格指数。在这里本章参考既有文献（赵进文、苏明政，2014），将第二产业作为可贸易品部门，第三产业作为不可贸易品部门。首先，以 1994 年为基期，使用第二、第三产业现价增加值及第二、第三产业增加值指数（上年为 100），计算以 1994 年为基期的可比价格的第二、第三产业增加值；其次，用现价增加值除以可比价格增加值，分别得到各省第二、第三产业的价格指数，然后以 2010 年为 100 进行基期调整，随后相除并乘以100后进行对数化处理，得出该省的实际汇率。

6.2.2.2 分割市场程度

分割市场程度的测度方法有生产法（Young，2000）、贸易法（Naughton，1999）、专业化指数法（白重恩等，2004）及价格法（陆铭，2009）。前三种方法由于难以形成面板数据库（陆铭，2009），因此本章选择价格法测度省级市场分割程度。

陆铭（2009）给出了价格法的解释，“思想来源于‘冰川成本’模型（Samuelson，1954），该理论是对‘一价原理’的一个修正。因为存在路耗等形式的交易成本，商品价值在贸易过程中将像冰川一样融化掉一部分，所以即使完全套利，两地价格仍然不会绝对相等，相对价格会在一定的区间内波动”。区域间交易成本的增加，如地理障碍、制度障碍增加会导致无套利区间的扩大；反之会导致无套利区间缩小。

本章使用EPS（经济性预测系统）数据平台的中国宏观经济数据库分地区的各类商品居民消费价格指数信息作为价格法测度市场分割程度的数据来源，其涵盖2001—2016年全国27个省、直辖市和自治区八类商品。本章数据筛选的原则如下：（1）本章未计算北京、上海、天津、海南、香港、澳门、台湾地区市场分割指数数据，但计算相邻省份时把北京、上海、天津考虑了进来。三个直辖市被剔除的原因在于所管辖面积较小，不符合本章对省级单位的设定①。海南省被剔除的原因在于我国尚未建成海南与大陆的直通大桥，地理分割因素远远超越制度分割因素，也与本章分析的重点相悖。（2）在价格指数的选择上，本章选取了按商品用途划分的八大类消费者价格指数（食品类、烟酒及用品类、衣着类、家庭设备用品及服务类、医疗保健及个人用品类、交通和通信类、娱乐教育文化用品及服务类和居住类消费者价格指数），而非陆铭（2009）选择的商品零售价格指数，原因在于零售价格指数是仅从卖方视角反映居民家庭购买消费商

① 本章定义的省级单位，既要包含核心城市（如省会），还应包含区级城市、县级城市。这样，从省级单位获取的价格信息才能反映多层级区域的综合指标，而直辖市（重庆除外）本身就是核心城市，这样与其他省份进行横向比较时，会导致结果不公允。

品及服务的价格水平的变动情况，而消费者价格指数不仅反映了消费者需要承担的零售价格水平变动情况，也隐含了市场状况（如价格歧视、市场分割因素）对价格的综合影响。（3）在市场分割的测度范围上，本章将某省份市场分割的测度范围定义在临近省份，以接壤为标准。

具体计算方法：

第一，计算 i 省与 j 省的 t 年第 k 类消费者价格指数相对价格绝对值 $|\Delta Q_{ijt}^{k}|$。其中：

$$\Delta Q_{ijt}^{k} = \ln(P_{it}^{k}/P_{jt}^{k}) - \ln(P_{it-1}^{k}/P_{jt-1}^{k}) = \ln(P_{it}^{k}/P_{it-1}^{k}) - \ln(P_{jt}^{k}/P_{jt-1}^{k})$$

P_{it}^{k}/P_{jt}^{k} 是消费者价格指数的环比数据，可据此算出 $|\Delta Q_{ijt}^{k}|$①。

第二，使用去均值方法消除商品种类间的固定效应，对 t 年 k 类价格指数的 $|\Delta Q_{ijt}^{k}|$ 在 128 组相邻省求均值 $\overline{\Delta Q_{t}^{k}}$，分别用这 128 个 $|\Delta Q_{ijt}^{k}|$ 减去均值绝对值 $|\overline{\Delta Q_{t}^{k}}|$，即 $q_{ijt}^{k} = |\Delta Q_{ijt}^{k}| - |\overline{\Delta Q_{t}^{k}}|$，记方差为 $VAR(q_{ijt}^{k})$。$VAR(q_{ijt}^{k})$ 表示第 k 种商品剔除了商品种类间固定效应仅包含与市场分割相关的信息，反映了市场分割因素对区域间套利空间的影响。

第三，将 128 组数据根据相邻省份原则归并，得到每一个省份与相邻省份市场分割指数的均值，即为该省份市场分割指数。如河北的市场分割指数就是与河北与北京、河北与天津、河北与山西、河北与山东、河北与河南的 $VAR(q_{ijt}^{k})$ 均值。至此，本章得到 432（27×16）个市场分割指数数据，显示了 27 个省 16 年间的市场分割状况。

6.2.2.3　控制变量

控制变量，在前文基础上增加了相对劳动生产率。

6.2.2.4　描述性统计

表 6-1、表 6-2 和表 6-3 是本章的变量说明、描述性统计及相关系数矩阵，被解释变量实际汇率与市场分割指标间的相关系数虽然显著为

① 关于取绝对值，陆铭认为：“ΔQ_{ijt}^{k} 与 ΔQ_{jit}^{k} 在数据特征上是等效的。取对数形式后 i 地与 j 地价格的分子分母位置调换将引起 ΔQ_{ijt}^{k} 的符号反向变化，亦即 $\Delta Q_{ijt}^{k} = -\Delta Q_{jit}^{k}$。此时，置放顺序将影响到 $VAR(\Delta Q_{ijt}^{k})$ 的大小，而统一取绝对值就能够避免这一问题。”

负，但可能存在严重的遗漏变量。因此，本章试图控制更多的变量以减弱遗漏变量的影响。图 6－1 报告了控制了其余变量的偏回归图，表明市场分割与实际汇率存在正的相关关系。

表 6－1　　　　变量说明

变量	变量说明	数据来源
lnirer	各省内部实际汇率	EPS 中国宏观经济数据库、万得数据库
msn	分割市场程度	EPS 中国区域经济数据库、CEIC 中国经济数据库
nt	第三产业比重	EPS 中国宏观经济数据库
pr	相对劳动生产率	EPS 中国宏观经济数据库
gov	政府支出	EPS 中国宏观经济数据库
ur	城镇化率	EPS 中国宏观经济数据库
open	贸易开放度	EPS 中国宏观经济数据库
dp	总抚养比	CEIC 中国经济数据库
fdi	外商直接投资	CIEC 中国经济数据库及各省统计年鉴
cd	金融发展程度	EPS 中国金融数据库、CEIC 中国经济数据库
gr	性别比	EPS 中国宏观经济数据库
agdp	各省人均 GDP	EPS 中国宏观经济数据库

表 6－2　　　　统计描述

Variables	Obs	Mean	Std. Dev.	Min	Max	p1	p99
lnirer	416	4.63	0.203	4.049	5.309	4.171	5.251
msn	416	0.279	0.374	0.026	4.843	0.033	1.606
gov	416	0.199	0.094	0.077	0.627	0.082	0.579
pr	416	2.397	0.761	1.109	5.728	1.175	4.351
ur	416	0.459	0.106	0.24	0.786	0.249	0.68
open	416	0.241	0.29	0.013	1.625	0.027	1.511
dp	416	0.382	0.065	0.194	0.576	0.255	0.539
fdi	416	0.02	0.016	0	0.082	0.001	0.071
cd	416	1.056	0.284	0.537	2.222	0.594	1.811
gr	416	1.042	0.03	0.949	1.186	0.963	1.12
agdp	416	2.655	1.827	0.298	9.675	0.446	7.743

表 6-3　相关系数矩阵

Variables	lnirer2	msn1	gov	pr2	ur	open	dp	fdi	cd	gr	agdp
lnirer	1										
msn	-0. 209 ***	1									
gov	0. 346 ***	-0. 0190	1								
pr	0. 365 ***	-0. 151 ***	0. 461 ***	1							
ur	0. 360 ***	-0. 326 ***	-0. 111 **	0. 190 ***	1						
open	-0. 182 ***	-0. 102 **	-0. 422 ***	-0. 427 ***	0. 483 ***	1					
dp	-0. 177 ***	0. 260 ***	0. 115 **	-0. 194 ***	-0. 586 ***	-0. 155 ***	1				
fdi	-0. 145 ***	-0. 157 ***	-0. 433 ***	-0. 199 ***	0. 373 ***	0. 543 ***	-0. 130 ***	1			
cd	0. 338 ***	0. 0290	0. 548 ***	0. 0440	0. 171 ***	0. 0360	0. 0390	-0. 170 ***	1		
gr	0. 0500	-0. 0280	0. 217 ***	0. 0660	-0. 109 **	-0. 110 **	0. 254 ***	-0. 291 ***	0. 111 **	1	
agdp	0. 562 ***	-0. 395 ***	0. 0430	0. 224 ***	0. 788 ***	0. 280 ***	-0. 502 ***	0. 165 ***	0. 228 ***	-0. 0220	1

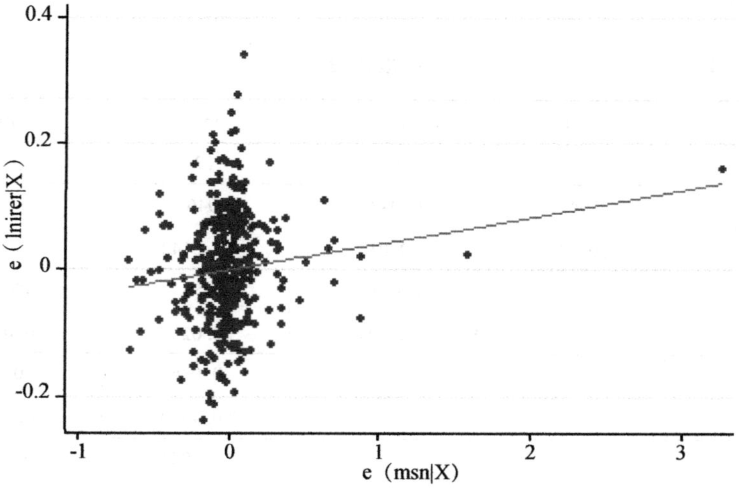

图 6－1　残差与拟合值关系（控制了其他变量后的偏回归）

6.3　分割产品市场影响实际汇率的实证分析

6.3.1　基准模型

根据本章构建的实证模型，我们对实际汇率与市场分割间的关系进行了检验，所有模型同时控制了省份固定效应和时间固定效应。表 6－4 报告了实际汇率与市场分割基准回归的结果。模型（1）表明，分割市场与实际汇率呈现正相关关系，且通过了 5% 的显著性检验，表明市场分割程度越高的省份，实际汇率越倾向于升值。考虑到巴萨效应对实际汇率的影响，即生产率的提高会导致实际汇率升值，在模型（2）中控制了巴萨效应的生产率因素，结果依然为正，且市场分割参数显著性水平提升至 1%。随着模型（3）和模型（4）逐渐加入了城镇化率（ur）、贸易开放度（open）等控制变量，市场分割的参数依然在 1% 显著性水平上为正，且参数值稳定在 0.04，表明市场分割会导致实际汇率升值的结论具有一定程度的稳定性。

表 6－4　　　　　　　　基准回归

Variables	Lnirer (1)	lnirer (2)	lnirer (3)	lnirer (4)
msn	0.042** (0.018)	0.043** (0.015)	0.046*** (0.014)	0.041*** (0.011)
pr		0.061** (0.024)	0.059** (0.022)	0.079*** (0.021)
gov			0.086 (0.446)	－0.542 (0.409)
ur			－0.021 (0.214)	0.060 (0.205)
open			－0.079 (0.106)	－0.144 (0.126)
dp			－0.555 (0.372)	－0.458 (0.362)
fdi				－1.137 (0.933)
cd				0.123* (0.065)
gr				0.114 (0.285)
agdp				－0.051* (0.025)
_cons	4.430*** (0.027)	4.314*** (0.056)	4.567*** (0.175)	4.387*** (0.365)
省份固定效应	YES	YES	YES	YES
时间固定效应	YES	YES	YES	YES
N	416	416	416	416
adj. R^2	0.756	0.771	0.776	0.790

注：括号内为聚类稳健标准误，且 * $p<0.1$，** $p<0.05$，*** $p<0.01$，如无特别说明，下同。

6.3.2 稳健性检验

6.3.2.1 更换标准误

基准模型得出了分割市场会造成实际汇率上升的结论，但仍然没有解决误差项可能存在的截面相关问题，因此本章使用 Driscoll - Kraay 标准误（1998）以替代聚类稳健标准误重新对基准模型进行回归。表6-5中模型（1）和（2）报告了使用 Driscoll - Kraay 标准误的模型估计结果。在模型（1）中，市场分割 msn 的参数在1%显著性水平上为正，在加入了相关控制变量的模型（2）中，市场分割 msn 的参数依然显著为正。

6.3.2.2 分区域研究

考虑到沿海地区与内陆地区经济发展层面的差异性，我们将样本区分为沿海省份与非沿海省份。模型（3）和模型（4）分别报告了沿海省份和非沿海省份的回归结果。其中，非沿海省份分割市场参数在1%显著性水平上为正，而沿海省份市场分割参数为正，但不显著，这主要是由于沿海地区的参与国际分工的水平高于非沿海地区，在一定程度上减弱了分割市场对经济体造成的影响。

6.3.2.3 更换实际汇率变量（1）

本章使用各省消费者价格指数（CPI）与工业生产者出厂价格指数（PPI）之比代理内部实际汇率，作为稳健性检验的指标。这是由于 PPI 剔除了不可贸易的零售业务等，反映了国家对贸易品生产和消费相对于非贸易品生产和消费的激励，CPI 作为不可贸易品的代理变量，因为 CPI 包含了大部分不可贸易，可以代理不可贸易品的价格（张斌，2005）。内部实际汇率计算公式为：

$$reer = \frac{cpi_d}{ppi_d}$$

具体测算方法：

根据原始数据（上年为100），以2010年为基期，测算各省份每年的 CPI 和 PPI，然后使用 CPI 除以 PPI 后，乘以100并取自然对数，得到各省份样本期的内部实际汇率。

表6-5中模型（5）和（6）报告了更换被解释变量后的回归结果。在不考虑控制变量的状况下，模型（5）中分割市场参数仍然显著为正，模型（6）加入了相关控制变量之后，市场分割的参数依然显著为正，表明分割市场程度的提高会造成实际汇率升值的结论不随实际汇率测算方式的改变而改变，该结论是稳健的。

表6-5　　　　　　稳健性检验

Variables	lnirer (1)	lnirer (2)	lnirer (3)	lnirer (4)	lnirer2 (5)	lnirer2 (6)	lnirer3 (7)	lnirer3 (8)
msn1	0.042*** (0.010)	0.041*** (0.006)	0.044 (0.048)	0.040** (0.015)	0.062** (0.027)	0.048** (0.021)	0.061** (0.022)	0.059*** (0.013)
pr2		0.079*** (0.016)	0.019 (0.055)	0.083*** (0.029)		-0.011 (0.014)		0.092*** (0.022)
gov		-0.542*** (0.152)	-1.057 (0.955)	-0.622 (0.410)		-0.230 (0.378)		-0.562 (0.391)
ur		0.060 (0.083)	0.161 (0.701)	-0.001 (0.264)		0.110 (0.142)		0.107 (0.222)
open		-0.144* (0.069)	-0.068 (0.095)	-0.158 (0.423)		-0.107 (0.079)		-0.133 (0.143)
dp		-0.458*** (0.147)	-0.361 (0.560)	-0.482 (0.467)		-0.121 (0.268)		-0.476 (0.390)
fdi		-1.137** (0.414)	-2.311** (0.689)	-0.427 (1.998)		-0.335 (0.649)		-1.445 (0.964)
cd		0.123*** (0.028)	-0.204 (0.168)	0.175* (0.092)		0.241*** (0.082)		0.194** (0.076)
gr		0.114 (0.135)	-0.208 (0.312)	0.343 (0.408)		0.018 (0.252)		0.115 (0.305)
agdp		-0.051*** (0.008)	-0.013 (0.029)	-0.061 (0.049)		0.021 (0.016)		-0.055** (0.025)
_cons	4.430*** (0.010)	4.387*** (0.138)	5.135*** (0.679)	4.102*** (0.471)	4.676*** (0.034)	4.504*** (0.296)	4.422*** (0.030)	4.284*** (0.408)

续表

Variables	lnirer (1)	lnirer (2)	lnirer (3)	lnirer (4)	lnirer2 (5)	lnirer2 (6)	lnirer3 (7)	lnirer3 (8)
省份固定效应	YES	YES	YES	YES	YES	YES	YES	YES
时间固定效应	YES	YES	YES	YES	YES	YES	YES	YES
N	416	416	112	304	416	416	416	416
R^2	0.766	0.802						
adj. R^2			0.866	0.791	0.577	0.678	0.743	0.785

注：由于 xtscc 命令未报告调整 R^2，这里使用 R^2 替代，下同。

6.3.2.4 更换实际汇率变量（2）

将原内部实际汇率算法中的第二产业替换为工业部门①，得到新的实际汇率指数，即工业部门作为可贸易品部门，第三产业作为不可贸易品部门。首先，以 1994 年为基期，使用工业、第三产业现价增加值及工业、第三产业增加值指数（上年为 100），计算以 1994 年为基期的可比价格的工业、第三产业增加值；其次，用现价增加值除以可比价格增加值，分别得到各省工业、第三产业的价格指数，然后以 2010 年为 100 进行基期调整，随后相除并乘以 100 后进行对数化处理，得出该省实际汇率。

表 6-5 中模型（7）和模型（8）考察了更换实际汇率指数后的回归结果。在不考虑控制变量的情形下，分割市场参数显著为正；在加入相关控制变量之后，市场分割的参数仍然在 1% 显著性水平上为正，进一步表明分割市场程度的提高会造成实际汇率升值的结论不随实际汇率测算方式的改变而改变，该结论是稳健的。

根据不同方法进行的稳健性检验结果表明，地方政府分割产品市场程

① 算法与原内部实际汇率算法相同。其中，工业生产总值指数中 1993—2011 年数据来源于 CEIC 数据库，2012—2018 年数据来自各省统计年鉴，其中，河南、辽宁和西藏的统计年鉴中缺失这方面数据，以第二产业增加值指数替代。

度的提高会造成实际汇率升值的结论是显著稳健的，且参数值在1%显著性水平上稳定在0.04～0.06，表明基准模型的结论是可靠稳定的。

6.3.3 内生性问题

在缺乏合适工具变量的情况下，为进一步缓解内生性问题，表6－6中模型（1）和（2）分别使用了差分GMM和系统GMM方法对模型进行了重新估价。模型（1）和（2）的检验结果表明，AB检验（Arellano－Bond Test）拒绝扰动项的一阶差分存在自相关，但不能拒绝扰动项的二阶差分存在自相关，且Hansen统计量不显著，不存在过度识别的问题，满足动态面板GMM模型估计的要求。

无论差分GMM还是系统GMM，市场分割msn的参数皆在1%显著性水平上为正，且参数值在0.033～0.043，与基准回归结果的0.041相近，进一步表明本章基准回归结果的稳健性，即分割市场程度的提高会使实际汇率升值。

表6－6　内生性问题

Variables	差分GMM (1)	系统GMM (2)
L. lnirer	0.170** (0.069)	0.928*** (0.048)
msn	0.032*** (0.007)	0.043*** (0.013)
pr	0.017 (0.055)	-0.013 (0.023)
gov	-0.503 (0.381)	-0.217** (0.094)
ur	-0.368 (0.436)	0.204 (0.257)
open	0.101 (0.228)	0.036 (0.082)

续表

Variables	差分 GMM (1)	系统 GMM (2)
dp	-0.334 (0.422)	0.089 (0.345)
fdi	1.354 (2.339)	-1.472 (1.046)
cd	0.122 (0.103)	-0.040 (0.041)
gr	-0.123 (0.329)	-1.148** (0.482)
agdp	-0.113** (0.044)	-0.043** (0.018)
_cons		1.543*** (0.460)
AR（1） -p 值	0.020	0.000
AR（2） -p 值	0.708	0.200
Hansen - p 值	1.000	1.000
省份固定效应	YES	YES
时间固定效应	YES	YES
N	416	416

6.3.4 拓展研究：分割市场的来源

财政分权背景下的地方政府是市场分割的重要推手（付强，2017）。财政分权赋予了地方政府收入权力和支出责任，同时也由于财权、事权的错配给地方政府造成了财政压力。地方政府在支出责任和财政压力下，可以通过显性或者隐性的手段对辖区内的税基进行保护，从而实现增长的经济绩效。

地方政府经济权力特别是财政支出权力的扩张使地方政府拥有了调配更多财政资源的能力，同时也意味着地方政府将承担更大的支出责任。为了保障财政支出的来源，地方政府有动力提高本地市场的进入门槛，同时赋予本地企业超市场经济地位，限制外地企业的竞争，形成割据的经济王国。这种以邻为壑式的市场分割策略源于地方政府间自身利益（支出责任）的博弈（范欣、宋冬林，2020），使支出责任大的地方政府更可能采取市场分割的策略。

本章按照周业安、章泉（2008）的做法来衡量支出责任，即各省人均财政支出／（各省人均财政支出＋中央人均财政支出）代理一省的支出责任。这种方法最早是测算财政分权水平的，但是在测算财政分权水平时遭到了诸多批评。有学者认为这种算法演变成了计算各省财力水平的指标，而非财政分权水平指标（张光，2011），但该指标仍然能在一定程度上刻画出省级政府的财政支出责任（非前文提到的省内财政分权水平）。

表6－7中模型（1）报告了地方政府支出责任对市场分割的回归结果。在控制了省份固定效应和时间固定效应下，支出责任 fd5 参数显著为正，表明地方政府支出责任的增加会导致分割市场程度的提高。具体来说，支出责任每增加一个单位，分割市场程度就平均提高 2.340，从而验证了地方政府支出责任是驱动其进行市场分割的动力之一。这从侧面也印证了陆铭和陈钊（2009）提出的观点，即市场分割对经济增长是倒“U”形影响，开放度越高的省份越能够通过市场分割的方式促进经济增长，而开放度较高的省份大多是经济发达地区的省份，政府的财政支出责任也越大，因此印证了本章观点，即财政支出责任越大的省份，越倾向于以市场分割的方式发展经济，即利用国际贸易的规模经济效应替代国内规模经济效应，并采取“以邻为壑”的分割市场态势获取本地经济的相对优势。

表6－7　　拓展研究回归结果

Variables	msn (1)
fd5	2.340** (1.112)
pr2	0.036 (0.049)

续表

Variables	msn (1)
gov	-2.483* (1.318)
ur	0.315 (0.251)
open	-0.224 (0.263)
dp	0.328 (0.555)
fdi	-3.452* (1.804)
cd	0.259 (0.178)
gr	-0.294 (0.664)
agdp	0.011 (0.052)
_cons	-0.376 (0.871)
省份固定效应	YES
时间固定效应	YES
N	416
adj. R^2	0.441

本章考察了地方政府分割产品市场对实际汇率的影响。研究发现：分割市场程度的提高会导致实际汇率升值，其中分割市场通过分配效应、竞争效应及制度环境效应对实际汇率产生影响；随后通过更换实际汇率变量及考虑内生性问题重新进行了实证检验，同样支持本章的结论。通过追溯地方政府进行市场分割的缘由，发现地方政府的支出责任是地方政府推动市场分割的重要原因。本章以中国 27 个省（2001—2016 年）为样本，利

用面板参数模型进行的实证检验支持了本章的理论假说。

“中国式分权”及衍生出来的激励机制是导致地区间“以邻为壑”，并且最终陷入市场分割“囚徒困境”的最根本原因（邓明，2014）。为了遏制地方政府对市场干预造成的市场分割现象，十八届中央委员会第三次全体会议通过了《中共中央关于全面深化改革若干重大问题的决定》。该决定明确指出，“清理和废除妨碍全国统一市场和公平竞争的各种规定和做法，严禁和惩处各类违法实行优惠政策行为，反对地方保护，反对垄断和不正当竞争”，“凡是能由市场形成价格的都交给市场，政府不进行不当干预”。市场分割本身是非市场化的现象，首先，它在客观上导致了人民币实际汇率升值，阻碍了人民币汇率市场化机制的形成；其次，市场分割导致了省际贸易成本的上升，迫使部分企业选择出口以替代省际的贸易，从而扭曲了中国企业的出口决策，使中国企业在国际市场上陷入低价竞争的循环；最后，市场分割客观上恶化了区域经济的制度环境，形成了“租金”式的转移支付，最终损害了社会福利，造成国内资源配置效率的损失。

本章从地方政府行为中分割市场的视角研究了该行为对实际汇率的影响，针对市场分割与实际汇率的关系，进行了理论与实证分析，与第3章中“地方政府的行为逻辑”遥相呼应，共同构建了地方政府分割市场行为与实际汇率的理论与实证的研究框架。

7. 税收努力对实际汇率的影响：机制与框架

科学的财税体制不仅是政府实现税收权益的工具，也是平衡区域间利益关系，实现经济体高效率运转的重要手段。税收作为调控地区经济发展的重要工具，地方政府可以通过干预税收征管、差异化企业实际税率的方式，实现对区域经济的调控。1994 年中国实施“分税制”改革以来，地方政府的财权和事权范围均有所扩大，有了一定的权限以应对纷繁复杂的经济形势。同时，中央与地方政府之间财权上移、事权下移造成的财力缺口也给地方政府造成了财政压力。在给定的财税关系框架下，由于不同区域间要素禀赋、发展程度的差异，地方政府的税收努力程度会有所不同。同时，地方政府间的税收竞争也会使各地政府的税收努力程度存在差异。地方政府税收努力程度的不同也使各地纳税人所受税收压力不同，会刺激有价值的资源持续流入低税收地区。

地方政府的税收努力程度是税务部门征收法定应纳税额的程度（吕冰洋、郭庆旺，2011）。由于中国税收立法权限集中在中央政府，名义上，各税率对不同区域的企业而言没有差别，那么地方政府的税收努力程度存在差异又是为何呢？首先，这是由于财政分权体系下，地方政府为了刺激经济增长，有足够的动力和能力调节政府与企业的税收关系，从而使不同区域的企业面临差异化的税率（沈坤荣、付文林，2006；陈晓光，2016）；其次，低税负政策也已成为地方政府在财政分权体制下吸引资源流入、刺激经济增长的重要手段，因此，各地呈现出政府间税收努力程度的差异。

1994 年“分税制”改革以来，中国的税收增长速度屡创新高，于 2007 年达到阶段顶峰，且连续多年税收收入增长率持续高于 GDP 增速。

至2014年，税收增长速度开始回落至GDP增速之下（见图7－1）。税收增速与GDP增速间存在较大的差异，一部分可以归因于GDP的增长，另一部分应归因于税收政策的调整及税收征管程度的变化（金人庆，2002）。1998—2002年，中国的公共财政体系基本确立，收入管理体制基本成型，仅恢复了车辆购置税和居民存款利息课征的个人所得税，但这部分不足以解释2003年之后的税收高速增长额（高培勇，2006）。随着“分税制”改革的推进及政府公共支出规模的扩张，地方政府的财政压力问题逐渐显现。2011年，18个省级税收部门中，中央财政分成为52%，省、市、县各级财政分成为9%、13%、26%，地方各级税收收入难以支撑当年公共财政支出的50%，地方独享税严重偏低，严重影响了地方政府的税收征管积极性。2011年，财政部、国家税务总局联合下发营业税改增值税试点方案，后逐步推广至全国实行。2016年全国“营改增”实现减税5736亿元，但国内整体税收占GDP的比重及税收增速并未发生太大变化。由此可见，在GDP与税收征管政策之外，地方政府的征税努力程度起着至关重要的作用。

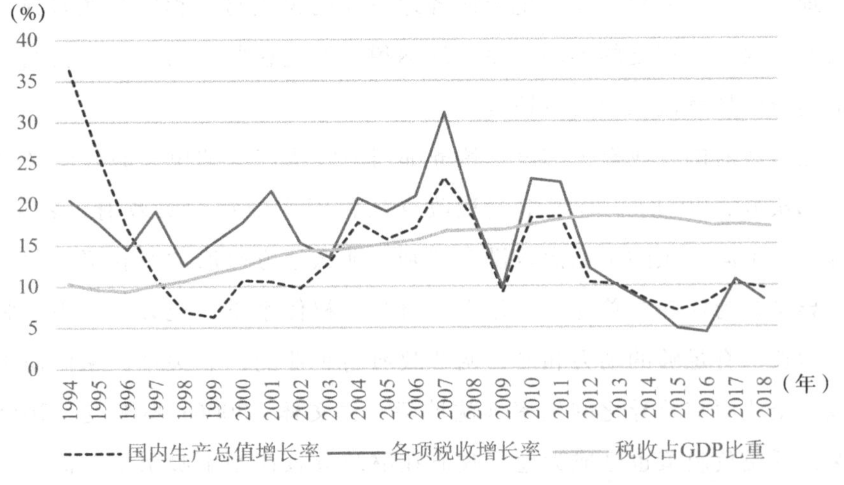

图7－1 全国实际税收总额与GDP增长趋势

高培勇（2006）提出了“税收征管空间”理论，他认为理论征税额与实际征税额之间的巨大差距可以由地方政府部门税收征管力度来解释。

2011 年，审计署对 18 个省区县级财力状况进行了审计调查，发现部分县在招商引资进程中变相减免财政性收入，将企业上缴的税收及土地出让金变相返还给企业。截至 2012 年底，18 个省份自定的优惠文件达 760 多份，2011—2012 年两年间地方政府向企业减免返还税费 371.31 亿元。当地方政府在预算软约束框架下的收入不足以应对财政支出而形成对中央财政转移支付的路径依赖时，会造成财政关系的纵向失衡。此时，地方政府会降低自身的税收努力程度以捕获更多的中央财政资金来转嫁支出成本，从而降低企业有效平均税率（贾俊雪、应世为，2016）。当政府间财力水平相差较大时，即财政关系横向失衡时，发达地区鉴于自身财力水平较高，企业对公共产品需求的增加会倒逼地方政府提升税收努力程度，增加税收收入以弥补“生产力缺口”，而欠发达地区由于自身财力较弱，无论面临财政纵向失衡或是横向失衡，都会抑制欠发达地区的税收努力，可见地方政府的税收努力程度也受各地政府财政充裕状况的影响（沈坤荣、付文林，2006；储德银等，2019）。

税收努力程度如何影响实际汇率呢？Beck 和 Coskuner（2007）研究发现，资本税收的增加会导致本国实际汇率贬值，而工资或者消费税的增加会导致实际汇率升值，该结论在 10 个经济合作与发展组织（OECD）成员国 1977—1996 年的面板数据中得到了证实。假设资本完全流动，当资本所得税提高时，资本在不同的国家和部门之间替代劳动力，劳动力的成本由世界资本成本决定。资本所得税的提高促使厂商通过使用劳动替代资本的方式进行生产，降低了劳动力相对资本的成本，不可贸易品价格下降，从而使实际汇率贬值。当工资税提高时，会促使劳动者减少劳动供给，厂商提高工资水平，由于不可贸易品部门多为劳动密集型部门，结果导致不可贸易品部门价格上升，从而使实际汇率升值。同样，消费税的提高也会导致劳动者增加闲暇，降低劳动供给，从而提升工资，导致实际汇率升值。同时，这些结论的成立还建立在政府在可贸易品部门的支出未能抵消税收效应的前提下。

然而，当研究对象转移至中国时，由于存在劳动力市场分割、资本管制等因素，资本劳动间替代关系、劳动力供给状况与理论假设可能多有不符，因此，研究中国财政分权背景下地方政府税收行为对实际汇率的影响问题，正是本章的创新点。本章的创新点包括：一是尝试构建包括政府税收努力行为的实际汇率理论分析框架，系统诠释地方政府税收努力与实际汇率的关系；二是提出了税收努力对实际汇率的两条传导渠道：相对劳动生产率与居民消费。

7.1 税收努力影响实际汇率的理论模型

本章在借鉴储德银等（2019）研究的基础上，构建了一个包括政府税收努力的实际汇率模型，它满足规模保持递减的不可贸易品部门的柯布道格拉斯生产函数：

$$Y_N = G_N^{\alpha} K_N^{\beta} L_N^{\gamma} \tag{7.1}$$

其中，产出弹性 α、β、γ 满足 $\alpha+\beta+\gamma<1$ 且 $\alpha>0$、$\beta>0$、$\gamma>0$，G_N、K_N、L_N 分别是各级政府提供的公共产品（如交通设施等公共产品）、私人资本及雇用的劳动力。

不可贸易品利润最大化函数为：

$$\pi = (1-\tau_D)Y_N - rK_N - wL_N \tag{7.2}$$

同理，可贸易品部门企业利润最大化函数为：

$$\pi = (1-\tau_D)Y_T - rK_T - wL_T$$

该地区企业利润最大化一阶条件为：

$$r = q(\tau_D)(1-\tau_D)\beta\frac{Y_N}{K_N} = (1-\tau_D)\beta_T\frac{Y_T}{K_T} \tag{7.3}$$

$$w = q(\tau_D)(1-\tau_D)\gamma\frac{Y_N}{L_N} = (1-\tau_D)\gamma_T\frac{Y_T}{L_T} \tag{7.4}$$

其中，q 是实际汇率，即 p_N/p_T，不可贸易品价格与可贸易品价格的比值。由于资本价格及工资水平具有均等化的趋势，不可贸易品部门生产率水平相对较低，其资本和劳动的边际收益产品需要乘以 q 进行调整。r 是企业使用资本的价格；w 是企业雇用劳动者所付的工资；τ_D 是地方政府在不可贸易品部门实际获得的税收占产出的比重，τ_T 是在可贸易品部门实际获得的税收占产出的比重，二者表示区域内政府在两个部门的税收努力程度，同时设定 $G_N = p\tau_D Y_N$，$G_T = p\tau_T Y_T$，p 是税收能够用于基础设施的比重。

将式 7.3、式 7.4 等代入产出函数式（7.1），得：

$$Y_N = (p\tau_D Y_N)^{\alpha}\left[\frac{Y_N}{r}(1-\tau_D)\beta q(\tau_D)\right]^{\beta}\left[\frac{Y_N}{w}(1-\tau_D)\gamma q(\tau_D)\right]^{\gamma} \tag{7.5}$$

$$Y_T = (p\tau_T Y_T)^{\alpha_T}\left[\frac{Y_T}{r}(1-\tau_T)\beta_T\right]^{\beta_T}\left[\frac{Y_T}{w}(1-\tau_T)\gamma_T\right]^{\gamma_T} \tag{7.6}$$

地方政府以经济增长为目标，通过选择合适的税率以实现区域经济产出最大化。首先，将不可贸易品部门产出函数对税负求导：

$$\frac{\partial Y_N}{\partial \tau_D} = \alpha p\,(p\tau_D Y_N)^{\alpha-1}\left(Y_N + \tau_D\frac{\partial Y_N}{\partial \tau_D}\right)\left[\frac{Y_N}{r}(1-\tau_D)\beta q(\tau_D)\right]^{\beta}$$

$$\left[\frac{Y_N}{w}(1-\tau_D)\gamma q(\tau_D)\right]^{\gamma} + \beta\left[\frac{Y_N}{r}(1-\tau_D)\beta q(\tau_D)\right]^{\beta-1}\left[\frac{Y_N\beta q(\tau_D)}{r}(-1) + \right.$$

$$\left.\frac{Y_N}{r}(1-\tau_D)\beta\frac{\partial q}{\partial \tau_D} + \frac{\partial Y_N}{\partial \tau_D}\frac{(1-\tau_D)\beta q(\tau_D)}{r}\right](p\tau_D Y_N)^{\alpha}\left[\frac{Y_N}{w}(1-\tau_D)\gamma q(\tau_D)\right]^{\gamma}$$

$$+\gamma\left[\frac{Y_N}{w}(1-\tau_D)\gamma q(\tau_D)\right]^{\gamma-1}\left[-\frac{Y_N\gamma q(\tau_D)}{w} + \frac{Y_N}{w}(1-\tau_D)\gamma\frac{\partial q}{\partial \tau_D} + \right.$$

$$\left.\frac{\partial Y_N}{\partial \tau_D}\frac{(1-\tau_D)\gamma q(\tau_D)}{w}\right](p\tau_D Y_N)^{\alpha}\left[\frac{Y_N}{r}(1-\tau_D)\beta q(\tau_D)\right]^{\beta} = 0$$

由于：$\frac{\partial Y_N}{\partial \tau_D} = 0$；

$$\frac{\partial Y_N}{\partial \tau_D} = \frac{\alpha Y_N}{\tau_D} + \frac{\beta Y_N}{\frac{Y_N}{r}(1-\tau_D)\beta q(\tau_D)}\left\{-\frac{Y_N\beta}{r}\left[q(\tau_D) - (1-\tau_D)\frac{\partial q}{\partial \tau_D}\right]\right\}$$

$$+\frac{\gamma Y_N}{\frac{Y_N}{w}(1-\tau_D)\gamma q(\tau_D)}\left\{-\frac{Y_N\gamma}{w}\left[q(\tau_D) - (1-\tau_D)\frac{\partial q}{\partial \tau_D}\right]\right\} = 0$$

故：

$$\frac{\alpha}{\tau_D}-\frac{\beta\left[q(\tau_D)-(1-\tau_D)\frac{\partial q}{\partial \tau_D}\right]}{(1-\tau_D)q(\tau_D)}-\frac{\gamma\left[q(\tau_D)-(1-\tau_D)\frac{\partial q}{\partial \tau_D}\right]}{(1-\tau_D)q(\tau_D)}=0$$

$$\frac{\alpha(1-\tau_D)q(\tau_D)-\beta\left[q(\tau_D)-(1-\tau_D)\frac{\partial q}{\partial \tau_D}\right]\tau_D-\gamma\left[q(\tau_D)-(1-\tau_D)\frac{\partial q}{\partial \tau_D}\right]\tau_D}{\tau_D(1-\tau_D)q(\tau_D)}$$

$$=0$$

整理得：

$$\left[q(\tau_D)-(1-\tau_D)\frac{\partial q}{\partial \tau_D}\right]\tau_D(\beta+\gamma)=\alpha(1-\tau_D)q(\tau_D)$$

$$\frac{\partial q}{\partial \tau_D}=\frac{q(\tau_D)}{1-\tau_D}\left[1-\frac{\alpha(1-\tau_D)}{\tau_D(\beta+\gamma)}\right] \tag{7.7}$$

当 $\frac{\partial q}{\partial \tau_D}=\frac{q(\tau_D)}{1-\tau_D}\left[1-\frac{\alpha(1-\tau_D)}{\tau_D(\beta+\gamma)}\right]=0$ 时，即 $\tau_D=\frac{\alpha}{\alpha+\beta+\gamma}$，不可贸易品部门实现既定税收努力水平下的产出最大化。

然后，将可贸易品部门产出函数对税负求导：

$$\frac{\partial Y_T}{\partial \tau_T}=\alpha_T p\,(p\tau_T Y_T)^{\alpha_T-1}\left(Y_T+\tau_T\frac{\partial Y_T}{\partial \tau_T}\right)\left[\frac{Y_T}{r}(1-\tau_T)\beta_T\right]^{\beta_T}\left[\frac{Y_T}{w}(1-\tau_T)\gamma_T\right]^{\gamma_T}$$

$$+\beta_T\left[\frac{Y_T}{r_T}(1-\tau_T)\beta_T\right]^{\beta_T-1}\left[\frac{Y_T\beta_T}{r_T}(-1)+\frac{\partial Y_T}{\partial \tau_T}\frac{(1-\tau_T)\beta_T}{r_T}\right](p\tau_T Y_T)^{\alpha_T}\cdot$$

$$\left[\frac{Y_T}{w}(1-\tau_T)\gamma_T\right]^{\gamma_T}+\gamma_T\left[\frac{Y_T}{w}(1-\tau_T)\gamma_T\right]^{\gamma_T-1}\left[-\frac{Y_T\gamma_T}{w}+\frac{\partial Y_T}{\partial \tau_T}\frac{(1-\tau_T)\gamma_T}{w}\right]\cdot$$

$$(p\tau_T Y_T)^{\alpha_T}\left[\frac{Y_T}{r}(1-\tau_T)\beta_T\right]^{\beta_T}=0$$

由于：$\frac{\partial Y_T}{\partial \tau_T}=0$；

$$\frac{\partial Y_T}{\partial \tau_T}=\frac{\alpha_T Y_T}{\tau_T}+\frac{\beta_T Y_T}{\frac{Y_T}{r_T}(1-\tau_T)\beta_T}\left(-\frac{Y_T\beta_T}{r_T}\right)+\frac{\gamma_T Y_T}{\frac{Y_T}{w}(1-\tau_T)\gamma_T}\left(-\frac{Y_T\gamma_T}{w}\right) \tag{7.8}$$

$$=\frac{\alpha_T}{\tau_T}-\frac{\beta_T}{1-\tau_T}-\frac{\gamma_T}{1-\tau_T}=0$$

由式（7.7）、式（7.8）可知，当$\tau_D=\frac{\alpha}{\alpha+\beta+\gamma}$、$\tau_T=\frac{\alpha_T}{\alpha_T+\beta_T+\gamma_T}$时，不可贸易品部门和可贸易品部门选择的税负水平同时实现了产出的最大化。

对于实际的地方政府税收努力程度，本章发现，1994—2018 年，中国（北京、上海及海南除外[①]）各省税收收入（中央税和地方税）总和占 GDP 的比重在 0.03～0.09。对于税收努力转化的基础设施等公共产品的产出弹性，金戈（2016）测算 1997—2012 年中国基础设施资本的产出弹性在 0.19～0.23，非基础设施资本的产出弹性在 0.55～0.57，基础设施资本、非基础设施资本及劳动的产出弹性合计在 1.05～1.07，因此，大致可以推测出，不等式右边在 0.17～0.18。王任飞、王进杰（2006）估算了 1981—2000 年中国基础设施的产出弹性为 0.29，资本和劳动力产出弹性为 0.60 和 0.39，可估算出不等式右边为 0.23；张学良（2007）估算了 1993—2004 年中国基础设施的产出弹性为 0.31，资本和劳动力产出弹性为 0.20 和 0.49，可推出不等式右边为 0.31。由此可见，基础设施产出弹性占比远远大于各省政府的税收努力程度[②]。

基于式（7.7）可知：当$\tau_D<\frac{\alpha}{\alpha+\beta+\gamma}$时，$\frac{\partial q}{\partial \tau_D}<0$；反之大于0。但由于$\tau_D=\frac{\alpha}{\alpha+\beta+\gamma}$是产出最大化的条件，故不会出现大于 0 的状况。该条件的经济学含义为：在技术水平一定的情况下，当政府实际税收努力程度低于税收带来的基础设施弹性占比时，即政府通过税收搭建的基础设施给不可贸易品部门带来了高于税负水平的基础设施产出弹性，会提高不可贸易品部门相对可贸易品部门的劳动生产率，从而导致实际汇率贬值。这是由于基础设施建设虽然有利于可贸易品部门“走出去”，从而扩大市场规模，实现企业研发行为的规模经济，提升劳动生产率，但同时也激励了

---

① 1997—2018 年，北京最高税负占比达 18%，上海则为 19%，广东为 10%，海南为 13%。数据来源于 EPS 数据库。

② 北京、上海等直辖市应具有更高的基础设施产出弹性占比。

外面企业“走进来”，压缩了市场规模，降低了劳动生产率（张睿等，2018），而不可贸易品部门由于自身的市场局限于区域内部，基础设施的建设有利于其生产率的提升①，并能有效抑制区域外经济体的竞争，从而使可贸易品部门与不可贸易品部门的劳动生产率差距不断缩小②，抑制了巴萨效应的传导效应，导致实际汇率贬值。图 7 -2 在控制了相关变量之后，证实了税收努力程度与相对劳动生产率（可贸易品部门相对不可贸易品部门）之间的负向关系。

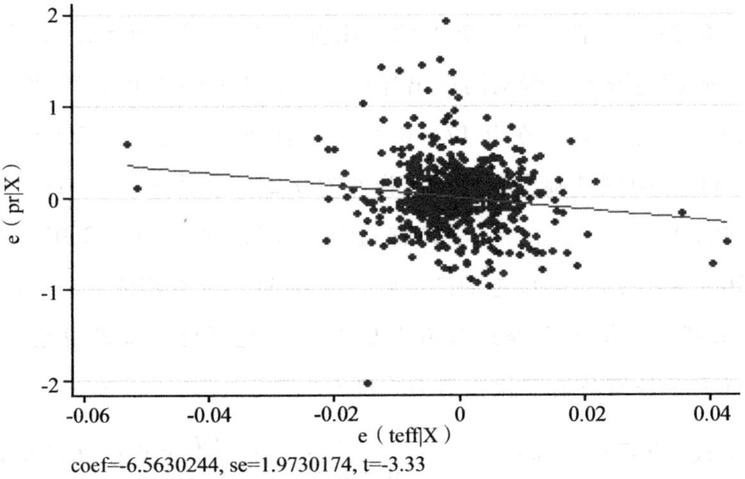

图 7 -2　残差与拟合值关系（控制了其他变量后的偏回归图）

同时，地方政府的税收努力程度会影响企业利润最大化条件中的实际工资和资本利率，税收努力程度提高，会同时降低可贸易品部门及不可贸易品部门的边际收益产品，即企业将税收压力转嫁给劳动者，从而降低劳动者的实际工资（钟春平等，2016）。由于可贸易品价格受到一价定律的

---

① 根据税务总局 2018 年报告称，2017 年第三产业税收占比高达 56.1%，远超第二产业的 12.3%。根据国家统计局报告，2018 年第三产业资产规模占二、三产业的资产规模的比重超八成，且第三产业占 GDP 的比重在过去 30 年间持续增长，至 2020 年已高达 54.5%。

② 蔡昉在 2017 年（第十五届）中国企业竞争力年会上指出，第三产业的劳动生产率比第二产业大概低 18%；巴曙松等（2019）研究认为，中国 2005—2014 年的工业劳动生产率仅为服务业劳动生产率的 1.2 倍，不可贸易品部门与可贸易品部门劳动生产率差距的收窄间接证实了本章的观点。

制约，实际工资的下降使不可贸易品价格相对可贸易品价格下降，即实际汇率贬值。

7.2 税收努力影响实际汇率的研究设计、数据及指标度量

7.2.1 模型设定

本章根据理论模型推导的结论，发现实际汇率受到政府税收努力程度等因素的影响。针对本章研究的问题，我们构建了实证的基准模型，具体形式如下：

$$\ln irer_{it} = c_0 + c_1 teff_{it} + Z'_{it} c_2 + \mu_i + \delta_t + \varepsilon_{it}$$

其中，$\ln irer_{it}$ 是内部实际有效汇率的对数值；$teff_{it}$ 是地方政府税收努力变量，Z'_{it} 是相关控制变量。μ_i 、δ_t 和 ε_{it} 分别代表省份固定效应、时间固定效应及扰动项。

7.2.2 数据描述

本章使用中国 1996—2018 年的 26 个省的面板数据进行计量分析，数据来源于 EPS 数据库、CEIC 数据库、中经网统计数据库及万得数据库。根据财政分权的内涵，本章基准分析中将北京、天津、上海的数据剔除，不纳入分析范围，原因在于北京、上海、天津等直辖市的单一城市特征不符合本章财政分权内涵中权力梯度的特征，海南和西藏的样本数据不连贯或匮乏，从而也被剔除。

7.2.2.1 被解释变量：实际汇率

本章被解释变量为内部实际汇率，其反映了不可贸易品部门与可贸易品部门的相对价格，可以判断出经济体内部更偏好于激励不可贸易品部门或是可贸易品部门。可贸易品部门相对价格上升（内部实际汇率贬值），贸易品部门利润提升，经济资源从不可贸易品部门流入可贸易品部门，贸

易品产出增加，同时，居民消费也会由可贸易品转移至不可贸易品，从而改善贸易余额情况（张斌，2005）。

本章内部实际汇率的测算公式为：

$IRER = P_N / P_T$

其中，P_N 代表经济体不可贸易品价格指数，P_T 代表经济体可贸易品价格指数。计算内部实际汇率最大的问题在于现实中并不存在类似可贸易品价格指数或者不可贸易品价格指数的数据，从而必须以其他的价格数据来代理可（不可）贸易品价格指数。在这里，本章参考既有文献（赵进文、苏明政，2014）的做法，将第二产业作为可贸易品部门，第三产业作为不可贸易品部门。首先，以 1994 年为基期，使用第二、第三产业现价增加值及第二、第三产业增加值指数（上年为 100），计算以 1994 年为基期的可比价格的第二、第三产业增加值；其次，用现价增加值除以可比价格增加值，分别得到各省第二、第三产业的价格指数，然后以 2010 年为 100 进行基期调整，随后相除并乘以 100 后进行对数化处理，得出该省的实际汇率。

7.2.2.2　解释变量：税收努力程度

税收努力程度是不易观察的变量，国内学者测度税收努力程度主要采用“税柄法”，税收努力程度主要取决于税收征管能力、增长红利、税源结构及税收意愿等因素（吕冰洋、郭庆旺，2011；储德银等，2019），本章参考储德银等（2019）的做法，定义税收努力程度为：

$$teff = \frac{tax/GDP}{tax^{*}/GDP}$$

其中，$teff$ 是税收努力程度，tax^{*} 是理论税收收入，tax 是实际税收收入，GDP 是各省份的国内生产总值。根据实际税收收入作为被解释变量，人均 GDP、对外开放程度、人口密度、产业结构及城镇化率为解释变量，构建固定效应模型估算各解释变量参数，然后根据参数值拟合理论税收收入 tax^{*}，最后得出税收努力程度 $teff$[①]。

① 为了规避可能存在的负值，本章在实际运算中，令 $teff = \frac{tax/GDP + 1}{tax^{*}/GDP + 1}$。

回归方程设置如下：

$$tax_{it} = \alpha + \beta_1 agdp_{it} + \beta_2 open_{it} + \beta_3 den_{it} + \beta_4 st_{it} + \beta_5 nt + \beta_6 ur + \mu_i + \varepsilon_{it}$$

拟合值 $tax_{it}^* = \alpha + \hat{\beta}_1 agdp_{it} + \hat{\beta}_2 open_{it} + \hat{\beta}_3 den_{it} + \hat{\beta}_4 st_{it} + \hat{\beta}_5 nt + \hat{\beta}_6 ur$

表 7－1 定义了本章的变量。

表 7－1　　变量定义

变量名称	含义	计算方法
tax	实际税收	各地区实际税收占 GDP 比重
pgdp	人均 GDP	人均 GDP 进行自然对数处理
open	经济开放度	进出口总额占 GDP 比重（当年汇率）
den	人口密度	各地区每平方公里常住人口进行自然对数处理
st	第二产业比重（%）	各地区第二产业增加值占 GDP 比重
nt	第三产业比重（%）	各地区第三产业增加值占 GDP 比重
ur	城镇化率（%）	各地区城镇人口占地区总人口比重

7.2.2.3　控制变量

控制变量与前文相同。

7.2.2.4　描述性统计

表 7－2、表 7－3 和表 7－4 是本章的变量说明、描述性统计及相关系数矩阵，被解释变量实际汇率与税收努力指标间的相关系数为正，但这可能存在严重的遗漏变量，因此本章试图控制更多的变量以减弱遗漏变量的影响。图 7－3 报告了控制了其余变量的偏回归图，表明税收努力程度与实际汇率存在负的相关关系。

表 7－2　　变量说明

变量	变量说明	数据来源
lnirer	各省内部实际汇率	EPS 中国宏观经济数据库、万得数据库
teff	税收努力	EPS 中国宏观经济数据库
pr	相对劳动生产率	EPS 中国宏观经济数据库
gov	政府支出	EPS 中国宏观经济数据库

续表

变量	变量说明	数据来源
ur	城镇化率	EPS 中国宏观经济数据库
open	贸易开放度	EPS 中国宏观经济数据库
dp	总抚养比	CEIC 中国经济数据库
fdi	外商直接投资	CIEC 中国经济数据库及各省统计年鉴
cd	金融发展程度	EPS 中国金融数据库、CEIC 中国经济数据库
gr	性别比	EPS 中国宏观经济数据库
agdp	各省人均 GDP	EPS 中国宏观经济数据库
cc	居民消费支出占 GDP 比重	EPS 中国宏观经济数据库

表 7-3　　　　统计描述

Variables	Obs	Mean	Std. Dev.	Min	Max	p1	p99
lnirer	468	4.675	0.24	4.049	5.406	4.171	5.324
teff	468	1.02	0.099	0.905	1.325	0.91	1.315
gov	468	0.206	0.097	0.077	0.627	0.082	0.583
pr	468	2.459	0.811	1.109	5.728	1.175	4.863
ur	468	0.472	0.109	0.24	0.786	0.249	0.696
open	468	0.236	0.28	0.012	1.625	0.017	1.511
dp	468	0.384	0.064	0.194	0.576	0.255	0.539
fdi	468	0.019	0.016	0	0.082	0	0.071
cd	468	1.099	0.317	0.537	2.42	0.594	2.222
gr	468	1.042	0.031	0.949	1.186	0.963	1.135
agdp	468	2.991	2.068	0.298	11.501	0.446	9.151
tax	468	0.07	0.014	0.041	0.12	0.044	0.103
pgdp	468	0.83	0.773	-1.21	2.442	-.807	2.214
den	468	5.193	1.148	1.98	6.621	2.017	6.61
st	468	0.473	0.059	0.246	0.664	0.339	0.59
nt	468	0.396	0.057	0.274	0.57	0.29	0.547

表 7-4 相关系数矩阵

Variables	lnirer2	teff	gov	pr	ur	open	dp	fdi	cd	gr	agdp
lnirer	1										
teff	0.077 *	1									
gov	0.387 ***	0.706 ***	1								
pr	0.425 ***	0.370 ***	0.479 ***	1							
ur	0.437 ***	-0.197 ***	-0.0760	0.213 ***	1						
open	-0.191 ***	-0.371 ***	-0.429 ***	-0.426 ***	0.448 ***	1					
dp	-0.107 **	-0.0200	0.113 **	-0.183 ***	-0.516 ***	-0.162 ***	1				
fdi	-0.160 ***	-0.423 ***	-0.433 ***	-0.202 ***	0.316 ***	0.521 ***	-0.114 **	1			
cd	0.454 ***	0.261 ***	0.594 ***	0.134 ***	0.251 ***	0.00200	0.0390	-0.204 ***	1		
gr	0.00600	0.0340	0.169 ***	-0.00400	-0.080 *	-0.0580	0.205 ***	-0.239 ***	0.104 **	1	
agdp	0.598 ***	-0.163 ***	0.0500	0.228 ***	0.809 ***	0.251 ***	-0.387 ***	0.106 **	0.312 ***	0.00300	1

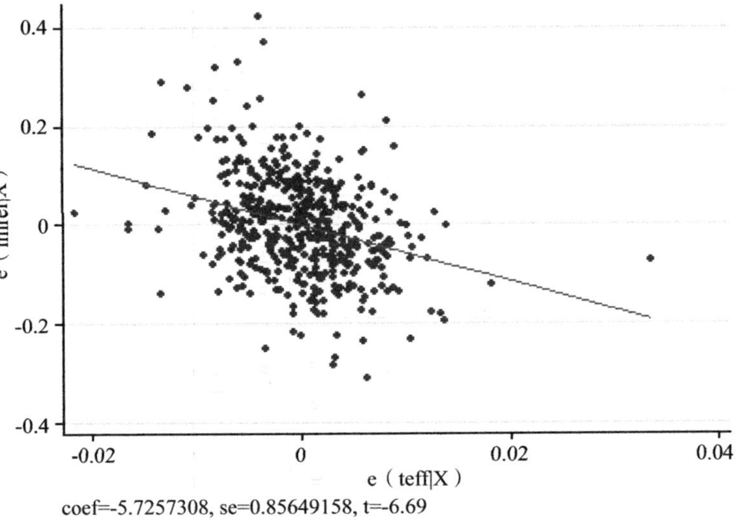

图 7-3　残差与拟合值关系（控制了其他变量后的偏回归图）

7.3　税收努力影响实际汇率的实证分析及机制研究

7.3.1　基准模型回归分析

本章基准回归中使用了面板固定效应模型对 1996—2018 年的省际数据进行参数估计。表 7-5 报告了基准回归的结果。第（1）列仅控制了省份固定效应及时间固定效应，结果显示税收努力显著使实际汇率贬值，随着（2）（3）（4）（5）列相关控制变量的陆续加入，核心解释变量税收努力的参数至少在 5% 显著性水平上为负，表明税收努力程度加深会造成实际汇率下降的结论具有一定程度的稳健性。

第（2）列中加入了相对劳动生产率及政府支出控制变量，相对劳动生产率的提升会导致实际汇率升值，符合巴萨效应的预期，政府支出的提升也会导致实际汇率升值；第（3）列加入了城镇化率和贸易开放度，参数也符合现有文献的结论；第（4）列加入了总抚养比和 FDI，显示这两个控制变量的参数并不显著；第（5）列加入了金融发展程度、性别比和人均 GDP，金融发展程度及人均 GDP 参数符合现有文献结论。

表 7－5　　　　基准回归（固定效应）估计结果

变量	被解释变量：lnirer				
	(1)	(2)	(3)	(4)	(5)
teff	−2.511** (1.128)	−1.966* (1.013)	−1.971* (0.976)	−1.950* (0.982)	−1.944** (0.766)
pr		0.064*** (0.022)	0.062*** (0.022)	0.065*** (0.021)	0.088*** (0.020)
gov		−0.144 (0.396)	−0.068 (0.397)	−0.025 (0.412)	−0.721* (0.368)
ur			0.168 (0.158)	0.176 (0.158)	0.197 (0.120)
open			−0.060 (0.096)	−0.050 (0.095)	−0.184* (0.098)
dp				0.118 (0.421)	0.236 (0.391)
fdi				−0.449 (0.669)	−0.493 (0.721)
cd					0.230*** (0.060)
gr					0.056 (0.260)
agdp					−0.042** (0.018)
_cons	6.930*** (1.155)	6.294*** (1.049)	6.241*** (1.006)	6.160*** (0.994)	5.905*** (0.794)
省份固定效应	YES	YES	YES	YES	YSE
时间固定效应	YES	YES	YES	YES	YSE
N	597	597	597	597	597
adj. R^2	0.794	0.806	0.808	0.808	0.833

7.3.2 稳健性检验：替换核心解释变量（1）

本章使用了2002—2007年[①]国税和地税稽查部门报告的《各地税务稽查机构、人员查处税务违法案件基本情况统计表》的“查实率”作为地方政府税收努力程度的替换变量。查实率，是指税务违法案件中有问题户数占检查户数的比重。首先，查实率是税务稽查机构、人员年度的业绩报告，相比通过“税柄法”拟合的税收努力程度更为直观。其次，查实率是税务稽查机构、人员主观努力的结果。与其他经济变量相比，查实率受到的经济环境制约更少（周黎安等，2012）。但是，查实率仅仅是核算政府税收努力程度的一个方面，税收征管还包括了税法宣传、制度设计等环节。同时，查实率还受到税务部门“检查面”的制约（检查户数占纳税总户数的比重）。各省市检查面差距较大（最高40%，最低仅1%），因此，该数据作为稳健性检验指标时，要继续使用固定效应模型以缓解经济环境对核心解释变量的干扰。

1994年“分税制”改革以来，各级政府构建了国税和地税两套征税系统，国税局主要负责增值税、消费税、中央企业缴纳的所得税等税种，地税局主要负责营业税、地方企业所得税、土地增值税、城市房地产税等税种。首先，两套系统的征税努力程度存在客观差异（周黎安等，2012）。与国税局相比，地税局所面临的税种更为繁杂，受到自身征税能力及地方政府征税意愿的双重制约，如果地方政府的征税意愿提升，会给企业投资造成边际抑制效应，在区域横向竞争环境下导致资本外流，从而影响地方政府的税基并降低税收收入（储德银等，2019）。其次，虽然两套系统征管的税种不同，但中央与地方政府对主要税基的课税对象是一致的，且存在大量的共享税（如增值税），税基和税收收入都受到相同的经济环境、民风民俗的影响；地方政府的财政压力虽然由地税部门承担，但国税税种的部分收入仍归地方，国税局的税收努力程度也受地方财政压力、地方领

---

① 《中国税务稽查年鉴》仅有2003—2008年鉴公布了各省市2002—2007年的查实率数据。

导评价的制约（周黎安等，2012）。可见，二者有紧密的联系。因此，如果税收努力的替代变量将国税局和地税局的税收努力程度简单合并，会损失大量信息并忽略二者的区别；如果将国税局和地税局的税收努力程度分别纳入回归方程，则忽略了二者的经济联系，从而得到有偏估计（周黎安等，2012）。本章参照（周黎安等，2012）的做法，将国税局和地税局的税收努力程度同时作为地方政府税收努力程度的替换变量纳入主回归方程，同时将国税局税收努力程度（ck1）和地税局税收努力程度（ck2）变量分别纳入回归模型以作参考研究。

表7－6报告了替换核心解释变量后税收努力程度对实际汇率的参数回归结果，所有回归均控制了省份固定效应和时间固定效应。模型（1）报告了仅包含国税局税收努力程度变量ck1的参数估计结果，模型（2）在ck1的基础上纳入了更多的控制变量，ck1的参数在1%显著性水平上为负，且稳定在－0.20左右，表明参数估计结果具有一定程度的稳健性，国税局的税收努力程度会显著导致实际汇率下降。模型（3）报告了仅包含地税局税收努力程度变量ck2的参数估计结果，模型（4）则在ck2基础上加入了更多的控制变量，ck2参数估计结果并不显著，表明地税局的税收努力程度并不显著影响实际汇率。模型（5）和模型（6）则考察了将ck1和ck2同时纳入回归方程的参数结果，结论显示仍然只有国税局的税收努力程度提升会显著导致实际汇率贬值，而地税局的税收努力程度提升并不会对实际汇率产生影响。

表7－6　　稳健性检验——替换核心解释变量（1）

变量	被解释变量：lnirer					
	(1)	(2)	(3)	(4)	(5)	(6)
ck1	−0.207***	−0.229***			−0.211***	−0.233***
	(0.072)	(0.071)			(0.071)	(0.069)
ck2			0.056	0.073	0.070	0.086
			(0.083)	(0.093)	(0.078)	(0.092)

续表

变量	被解释变量：lnirer					
	(1)	(2)	(3)	(4)	(5)	(6)
pr		0.041 (0.030)		0.031 (0.040)		0.048 (0.033)
gov		0.265 (0.711)		0.067 (0.821)		0.409 (0.743)
ur		-0.209 (0.160)		-0.087 (0.161)		-0.200 (0.148)
open		-0.267 (0.161)		-0.371 (0.217)		-0.287 (0.172)
dp		-0.281 (0.416)		-0.411 (0.424)		-0.254 (0.403)
fdi		-0.093 (1.022)		-0.723 (1.398)		-0.406 (1.244)
cd		0.137 (0.123)		0.179 (0.153)		0.156 (0.135)
gr		0.207 (0.524)		0.021 (0.646)		0.192 (0.524)
agdp		-0.024 (0.049)		-0.012 (0.062)		-0.015 (0.048)
_cons	4.577*** (0.038)	4.382*** (0.618)	4.443*** (0.052)	4.459*** (0.753)	4.535*** (0.065)	4.275*** (0.634)
省份固定效应	YES	YES	YES	YES	YSE	YES
时间固定效应	YES	YES	YES	YES	YSE	YES
N	156	156	156	156	156	156
adj. R^2	0.485	0.501	0.425	0.436	0.488	0.506

如何理解国税税收努力程度的变化对实际汇率的影响与地税税收努力程度的变化对实际汇率的影响完全不同？从 1994 年“分税制”改革后国税地税“分灶吃饭”至 2018 年国税地税部门合并，期间，国税、地税对同一纳税人的征收方式、定额核定依据存在不一致，税收政策执行口径、行政处罚裁量基准也存在不一致（卢真等，2018），这给了地方政府极大

的税收操作空间。相比国税部门的垂直管理，地方税务部门在税收征管进程中更容易受到地方政府意志的影响。部分地方政府干预地税系统税收计划，要求税务部门降低税收优惠门槛，为税收优惠到期的企业延长优惠时间，以“优化服务”的名义放松执法力度（杨晓妹等，2019）。因此，地方税务部门具有极大的“税收征管空间”，地税部门征管力度长期在标准尺度以下运行，导致其税收努力程度并不能显著改变企业部门的边际收益产品，而国税部门由于受到的制约较少，其税收努力程度的提升反而可以强烈影响企业的利润最大化条件，从而使国税部门的税收努力程度提升，导致实际汇率显著贬值，而地税部门的税收努力程度的提升并不能显著影响实际汇率。

7.3.3 稳健性检验：替换核心被解释变量（2）

本章将原内部实际汇率算法中的第二产业替换为工业部门[①]，得到新的实际汇率指数，即工业部门作为可贸易品部门，第三产业作为不可贸易品部门。首先，以1994年为基期，使用工业、第三产业现价增加值及工业、第三产业增加值指数（上年为100），计算以1994年为基期的可比价格的工业、第三产业增加值；其次，用现价增加值除以可比价格增加值，分别得到各省工业、第三产业的价格指数，然后以2010年为100进行基期调整，随后相除并乘以100后进行对数化处理，得出该省的实际汇率。

表7-7报告了替换实际汇率变量后的回归结果。在不考虑控制变量的状况下，模型（1）中税收努力程度teff参数在10%显著性水平上为负，模型（2）（3）（4）（5）中陆续加入了相关控制变量之后，teff参数依然显著为负。模型（5）中的显著性水平相比模型（1）的显著性水平提升至5%，表明税收努力程度的提升导致实际汇率显著贬值的结论不随实际汇率测算方式的改变而改变。

---

① 算法与原内部实际汇率算法相同，其中工业生产总值指数中1993—2011年数据来源于CEIC数据库。2012—2018年数据来自各省统计年鉴，其中，河南、辽宁和西藏统计年鉴中缺失这方面数据，以第二产业增加值指数替代。

表 7-7　　稳健性检验——替换核心被解释变量（2）

变量	被解释变量：lnirer3				
	(1)	(2)	(3)	(4)	(5)
teff	-2.787*	-2.158*	-2.160*	-2.130*	-2.228**
	(1.406)	(1.226)	(1.161)	(1.169)	(0.844)
pr		0.077***	0.074***	0.078***	0.109***
		(0.025)	(0.024)	(0.023)	(0.023)
gov		-0.137	-0.029	0.030	-0.870*
		(0.477)	(0.467)	(0.481)	(0.450)
ur			0.257	0.267	0.286**
			(0.183)	(0.183)	(0.130)
open			-0.039	-0.026	-0.209*
			(0.114)	(0.120)	(0.121)
dp				0.155	0.308
				(0.458)	(0.414)
fdi				-0.604	-0.573
				(0.786)	(0.834)
cd					0.317***
					(0.073)
gr					0.052
					(0.265)
agdp					-0.052**
					(0.020)
_cons	7.189***	6.448***	6.352***	6.243***	6.024***
	(1.441)	(1.272)	(1.200)	(1.197)	(0.895)
省份固定效应	YES	YES	YES	YES	YSE
时间固定效应	YES	YES	YES	YES	YSE
N	597	597	597	597	597
adj. R^2	0.775	0.789	0.792	0.792	0.829

7.3.4　内生性问题

基准回归模型可能存在内生性问题，由于税收努力程度与实际汇率之间不大可能存在反向因果问题，可能的内生性问题即是遗漏变量及测量误差问题。遗漏变量对因变量的影响被错误地纳入误差项中，如果该遗漏变量与其他自变量相关，则会产生内生性问题。虽然本章控制变量的数量已经达到了9个，但模型仍然不能纳入所有的实际汇率的控制变量；测量误差来源于真实值与测量值之间的偏差，偏差进入误差项也会导致内生性问题（蒋青嫱等，2019）。

为了缓解内生性问题对参数估计带来的偏差，本章仿照孙雁冰（2018）的做法，将使用内生变量税收努力程度的滞后期作为工具变量 iv，本章则选择将内生变量的滞后一期作为工具变量。同时，本章使用 lewbel（2002）的方法，通过异方差构建工具变量，即将内生变量对控制变量 X 进行最小二乘估计，得出残差项 $\hat{\varepsilon}$，使用控制变量 X 和 $(Z-\bar{Z})\hat{\varepsilon}$ 作为工具变量（Z 是 X 的不含常数项的全部或者部分元素，$\bar{Z}$ 是 Z 均值），与本章设定的工具变量一并进行 GMM 回归。

表 7-8 报告了工具变量不可识别检验结果（Kleibergen - Paap rk LM statistic）与弱工具变量检验（Kleibergen - Paap rk Wald F statistic）均拒绝了原假设，过度识别检验结果（Hansen J statistic）不能拒绝原假设，表明本章的工具变量不具有不可识别及不存在弱工具变量，且不能拒绝所有工具变量皆外生的原假设。核心解释变量税收努力程度（teff）参数仍然显著为负，且参数值与基准模型接近，考虑了核心解释变量税收努力程度的内生性问题后，其参数值及显著性水平显著提高，进一步证实了本章结论的稳健性，即税收努力程度的提高会导致实际汇率下降。

表 7-8　　　　工具变量回归

Variables	(1) lnirer	(2) teff
teff	-2.599*** (0.703)	

续表

Variables	(1) lnirer	(2) teff
pr	0. 089 *** (0. 011)	-0. 001 * (0. 000)
gov	-0. 664 *** (0. 137)	0. 012 (0. 008)
ur	0. 167 *** (0. 055)	0. 001 (0. 003)
open	-0. 175 *** (0. 055)	-0. 013 *** (0. 004)
dp	0. 210 (0. 163)	0. 013 (0. 008)
fdi	-0. 531 (0. 354)	0. 050 ** (0. 023)
cd	0. 236 *** (0. 027)	0. 005 *** (0. 002)
gr	0. 052 (0. 183)	-0. 012 (0. 009)
agdp	-0. 036 *** (0. 007)	0. 000 (0. 001)
iv		0. 607 *** (0. 390)
gen1		-0. 145 ** (0. 080)
gen2		1. 047 (0. 771)
gen3		0. 660 ** (0. 278)
gen4		-1. 652 *** (0. 394)
gen5		2. 012 ** (0. 954)

续表

Variables	(1) lnirer	(2) teff
gen6		-0.890 (3.211)
gen7		0.171 (0.206)
gen8		-2.659 (2.490)
gen9		-0.035 (0.036)
省份固定效应	YES	YES
时间固定效应	YES	YES
Kleibergen - Paap rk LM statistic	107.510***	
Kleibergen - Paap rk Wald F statistic	42.296***	
Hansen J statistic	9.250	
N	596	
adj. R^2	0.823	

注：gen1 至 gen9 是内生变量 teff 与控制变量 pr 等生成的工具变量。

7.3.5 机制研究

根据本章理论模型，政府的税收努力程度的提升导致实际汇率下降的渠道为可贸易品部门与不可贸易品部门的相对劳动生产率，即在不可贸易品部门，基础设施的产出弹性高于经济体税负水平，从而导致不可贸易品部门相对可贸易品部门的劳动生产率提高。同时，政府的税收努力程度转换为公共服务等公共产品的同时，使劳动者拿到的实际工资低于其边际收益产品，从而降低了劳动者的消费能力。Du 等（2013）认为性别比上升导致的消费下降会使实际汇率下降。因此，本章认为，税收努力程度降低也会通过居民消费的下降使实际汇率降低。

7.3.5.1 相对劳动生产率对实际汇率的渠道效应

本章验证相对劳动生产率（可贸易品部门相对不可贸易品部门）对实际汇率的渠道效应，劳动生产率对实际汇率的传递效应已经在众多文献中得到了支持（Alexius，2005；Lee 和 Tang，2006；Christopoulos et al，2012），本章在基准模型基础上，构建了中介效应模型：

$$\ln reer_{it} = c_0 + c_1 teff_{it} + Z'_{1it}c_2 + \mu_i + \delta_t + \varepsilon_{it}$$

$$pr_{it} = a_0 + a_1 teff_{it} + Z'_{2it}a_2 + \mu_i + \delta_t + \varepsilon_{it}$$

$$\ln irer_{it} = c_0 + c_1 teff_{it} + Z'_{it}c_2 + \mu_i + \delta_t + \varepsilon_{it}$$

表7-9报告了相对劳动生产率作为渠道变量的回归结果，其样本时间段为1996—2018年。模型（1）是基准回归模型，剔除了相对劳动生产率这个控制变量；模型（2）是以相对劳动生产率为被解释变量的回归方程；模型（3）则将相对劳动生产率与税收努力程度一并纳入回归模型。模型（1）表明，在剔除相对劳动生产率这个重要的巴萨效应代理变量的前提下，税收努力程度仍然会显著导致实际汇率贬值，但参数绝对值相较于基准模型更高；模型（2）表明，税收努力程度的提升显著降低了相对劳动生产率，即可贸易品劳动生产率相对不可贸易品劳动生产率下降，这点印证了本章理论模型的结论；模型（3）则是本章的基准模型，将税收努力程度变量与相对劳动生产率变量纳入回归模型后，其参数仍然在5%水平上显著，支持了本章的研究结论。

表7-9 税收努力程度影响实际汇率的渠道效应回归结果

Variables	lnirer (1)	pr (2)	lnirer (3)
teff	-2.735*** (0.909)	-8.944** (4.224)	-1.944** (0.766)
pr			0.088*** (0.020)
gov	-0.491 (0.420)	2.599** (1.220)	-0.721* (0.368)

续表

Variables	lnirer (1)	pr (2)	lnirer (3)
ur	0.205 (0.131)	0.092 (0.377)	0.197 (0.120)
open	-0.250** (0.108)	-0.747** (0.334)	-0.184* (0.098)
dp	0.100 (0.418)	-1.548 (1.404)	0.236 (0.391)
fdi	0.236 (0.839)	8.244*** (2.649)	-0.493 (0.721)
cd	0.196*** (0.064)	-0.385 (0.267)	0.230*** (0.060)
gr	-0.318 (0.315)	-4.232*** (1.313)	0.056 (0.260)
agdp	-0.029 (0.021)	0.146 (0.113)	-0.042** (0.018)
_cons	7.286*** (1.053)	15.627*** (4.939)	5.905*** (0.794)
省份固定效应	YES	YES	YES
时间固定效应	YES	YES	YES
N	597	597	597
adj. R^2	0.814	0.612	0.833

7.3.5.2 消费影响实际汇率的渠道

本部分验证消费变化对实际汇率的影响效应，这里使用各省地区生产总值支出法中的居民消费支出作为消费变化的代理变量，进行中介效应分析。历年居民消费支出和社会消费品零售总额都是见证居民消费变化的变量，但后者仅包含实物商品的销售统计，前者则在实物商品的基础上包含了服务性消费的部分。随着社会经济结构的变迁，居民消费支出更贴合居民消费的实际变化。

因此，本章使用居民消费支出占 GDP 的比重作为渠道变量，数据质量受到居民消费统计和 GDP 统计的双重制约，由于经济产业变化与核算方法的冲突，中国于 2004 年、2008 年和 2013 年进行了第一、二、三次经济普查，分别对 1993—2004 年、2005—2008 年、2009—2013 年的 GDP 总量进行了不同程度的调整。2016 年国家统计局编制了《中国国民经济核算体系（2016）》，引入了新的概念，拓展了核算范围，细化了基本分类，修订了基本核算指标。因此，为了居民消费变量的精准性，本章使用该指标 2001—2017[①] 年的数据。

表 7-10 报告了居民消费作为渠道变量的回归结果，其样本时间段为 2001—2017 年。模型（1）是基准回归模型，相比表 7-5 的基准回归结果，时间段缩短后税收努力程度的参数绝对值更大，表明 2000 年之后，税收努力程度的提升会造成更大程度的实际汇率贬值。模型（2）是以居民消费支出占 GDP 的比重为被解释变量的回归，税收努力程度的参数显著为负，表明税收努力程度的提升会降低居民消费支出。模型（3）则是纳入了居民消费支出占比的回归模型，税收努力程度参数显著为负，居民消费支出占比参数显著为正。模型（2）和模型（3）共同表明，政府税收努力的提升通过降低居民消费支出水平的方式导致实际汇率贬值。

表 7-10　居民消费影响实际汇率的渠道效应回归结果

Variables	lnirer (1)	cc (2)	lnirer (3)
teff	-3.316** (1.366)	-0.765* (0.431)	-2.695** (1.215)
cc			0.813** (0.382)
pr	0.083*** (0.019)	-0.008 (0.009)	0.090*** (0.022)
gov	-0.366 (0.455)	-0.118 (0.120)	-0.270 (0.452)

① 至截稿，2018 年的各省居民消费支出数据暂无法查询。

续表

Variables	lnirer (1)	cc (2)	lnirer (3)
ur	0. 119 (0. 222)	0. 094 (0. 061)	0. 043 (0. 213)
open	-0. 196 (0. 123)	-0. 054 (0. 037)	-0. 152 (0. 126)
dp	-0. 308 (0. 357)	0. 084 (0. 153)	-0. 376 (0. 292)
fdi	-0. 825 (0. 961)	-0. 719 * (0. 356)	-0. 240 (1. 015)
cd	0. 153 ** (0. 062)	0. 114 *** (0. 027)	0. 060 (0. 084)
gr	0. 123 (0. 252)	0. 096 (0. 068)	0. 045 (0. 253)
agdp	-0. 041 * (0. 021)	-0. 007 (0. 007)	-0. 035 (0. 021)
_cons	7. 667 *** (1. 465)	0. 986 ** (0. 424)	6. 866 *** (1. 308)
省份固定效应	YES	YES	YES
时间固定效应	YES	YES	YES
N	442	442	442
adj. R^2	0. 819	0. 612	0. 829

7.4 税收努力影响实际汇率的拓展研究

7.4.1 加入北京等直辖市样本的研究

本章在财政分权框架下研究税收努力程度对实际汇率的影响，由于北京等区域不符合梯级财政分权结构的特征，在之前的样本中已经被剔除。在本部分的拓展研究中，加入这些样本，以观察本章结论的稳健程度。

表 7-11 报告了包含北京等直辖市样本的回归结果。与基准模型相比，模型（1）和模型（2）税收努力程度的参数绝对值更高，但在模型（3）仅含北京、上海及广东的模型中，参数的绝对值小于基准模型，表明税负程度高的地区，税收努力程度提升对实际汇率的贬值效应低于其他地区，即其相对劳动生产率（不可贸易品部门相对可贸易品部门）上升的程度低于其他地区，这主要是由于这些区域的可贸易品部门的生产率水平具备较高的提升潜力。

表 7-11　　税收努力程度影响实际汇率的渠道效应回归结果

变量	全样本 (1)	全样本（不含海南） (2)	仅北京等区域 (3)
teff	-2.207 *** (0.626)	-2.229 *** (0.673)	-1.317 ** (0.274)
pr	0.095 *** (0.019)	0.095 *** (0.018)	0.058 (0.036)
gov	-0.605 (0.359)	-0.607 (0.375)	-0.316 (0.597)
ur	0.153 (0.091)	0.166 * (0.088)	-0.233 * (0.057)
open	-0.197 *** (0.068)	-0.209 *** (0.070)	-0.098 * (0.031)
dp	0.312 (0.356)	0.296 (0.361)	0.292 (0.123)
fdi	-0.555 (0.455)	-0.625 (0.585)	-0.192 (0.914)
cd	0.254 *** (0.043)	0.256 *** (0.047)	0.113 (0.061)
gr	-0.062 (0.228)	-0.111 (0.237)	-0.076 (0.044)
agdp	-0.022 * (0.013)	-0.023 * (0.013)	0.001 (0.017)

续表

变量	全样本 (1)	全样本（不含海南） (2)	仅北京等区域 (3)
_cons	6.183 *** (0.679)	6.262 *** (0.688)	5.273 *** (0.148)
省份固定效应	YES	YES	YES
时间固定效应	YES	YES	YES
N	689	666	69
adj. R^2	0.844	0.844	0.991

7.4.2 政府税收努力程度差异的来源

虽然各省市经济的要素禀赋、发展阶段不同，地方政府的税收努力程度应该有所差异，但并未直接解释政府间税收努力程度差异的原因。政府间财力的横向及纵向失衡是导致税收努力程度差异的原因（储德银等，2019），同时，央地共享税导致地方政府税收征管收益下降，从而促使地方政府放松税收征管（刘怡、刘维刚，2015），但范子英、赵仁杰（2020）则认为，征税的相对收益下降并不一定导致地方政府放松税收征管力度，财政收入能力是影响地方政府税收努力程度的另外一个重要因素。根据已有的文献，政府的税收努力与地方政府平衡其收支的能力息息相关，因此，本部分以财政自由度水平［财政自由度 = 各省财政收入（从 2011 年[①]起预算内收入）/各省财政支出］作为影响政府税收努力程度的核心变量。财政自由度指标衡量了地方政府以自身收入水平占其支出的比重，可以衡量地方政府自身财政压力水平，这也反映了地方政府的财政失衡程度（财政自由度指标越高，纵向失衡程度越低，横向失衡程度越高）、财政收入能力和意愿。

① 财政部 2010 年 6 月下发了《财政部关于将按预算外资金管理的收入纳入预算管理的通知》，自 2011 年 1 月 1 日起，将预算外资金管理的收入（不含教育收费，以下简称“预算外收入”）全部纳入预算管理。预算外收入及支出比重都较小，仅略微影响测算分权程度的准确性，故在此忽略。

表7-12报告了财政自由度对税收努力程度的回归结果。模型（1）表明，财政自由度的提升会显著提高税收努力程度。模型（2）和模型（3）逐渐加入了相关控制变量，财政自由度fd1的参数值及显著性水平有所提升，印证了结论的稳健性。财政自由度的降低意味着地方政府较高地依赖中央政府的转移支付，即纵向失衡程度高，在单一制的中国财政分权体系下，地方财政收支的失衡削弱了转移支付机制对税收努力程度的激励作用，反而加剧了地方政府对税收努力程度的负面抑制效应（储德银等，2019）。同时，财政自由度也在一定程度上反映了财政横向失衡水平，自由度较高的区域在横向财政资源竞争中具有更为稳定的税基与更高质量的税源，这使地方政府不断提升税收努力程度以应对区域竞争，区域经济体内部也对政府履行职能提出了更高要求，客观上需要地方政府提升税收努力程度以强化其区域优势（储德银等，2019）。

表7-12　　财政自由度对税收努力程度的回归结果

Variables	teff (1)	teff (2)	teff (3)
fd1	0.031* (0.017)	0.048*** (0.016)	0.041*** (0.015)
pr		-0.003* (0.002)	-0.004*** (0.001)
gov		0.058** (0.021)	0.061** (0.023)
ur		-0.005 (0.009)	-0.009 (0.008)
open		-0.007 (0.005)	-0.016* (0.008)
dp			0.035* (0.020)
fdi			0.096 (0.060)

续表

Variables	teff (1)	teff (2)	teff (3)
cd			0.007 (0.005)
gr			-0.029 (0.017)
agdp			0.002 (0.002)
_cons	0.996 *** (0.012)	0.989 *** (0.012)	0.999 *** (0.021)
省份固定效应	YES	YES	YES
时间固定效应	YES	YES	YES
N	597	597	597
adj. R^2	0.290	0.344	0.391

本章尝试构造包含政府税收努力程度及实际汇率的理论分析框架，从理论层面诠释政府税收努力程度对实际汇率的影响效应和渠道，通过面板数据模型考察了税收努力程度对实际汇率的影响效应，政府税收努力程度的提升会显著导致实际汇率贬值。随后通过更换税收努力指标及考虑内生性问题重新进行了实证检验，同样支持本章的结论。在对影响机制的考察中，本章研究发现，税收努力程度通过相对劳动生产率渠道与居民消费渠道影响了实际汇率。通过追溯政府税收努力的动机，发现地方政府的财政自由度差异是导致地方政府税收努力程度存在差异的重要原因。

本章以上的研究结论有助于理论界关注财政分权背景下政府行为给实际汇率造成的影响。首先，政府税收努力程度对实际汇率造成的贬值效应，需要我们持续关注政府运用税收生产公共产品以服务社会经济的能力。其次，对于国税与地税的税收努力程度给实际汇率造成的差异影响，具体可通过构建科学合理的央地财权事权关系，进一步压缩“税收征管空间”。最后，财政自由度引致的税收努力程度差异需要我们进一步推进区域均衡发展战略以及实现地区间基本公共服务均等化（储德银等，2019），校正财政体制的失衡状态。

本章研究了地方政府税收努力程度与实际汇率的关系，并与第 3 章中“财政压力下的地方政府行为研究”遥相呼应，共同构建了地方政府税收努力行为的逻辑框架，并指出了该研究的现实意义。

8. 对实际汇率问题研究的展望

自1994年“分税制”改革以来，各级政府围绕财政收支、经济增长等问题，进行了深入的体制创新和结构变革，形成了以税收为纽带的稳定的财权事权关系，并在此基础上衍生出政府支出偏向、市场分割及税收努力等系列政府行为问题，涉及了社会经济的方方面面，对经济体内部重要的价格信号（实际汇率）产生了深刻的影响。

本书通过研究财政分权背景下地方政府行为对实际汇率的影响，得出了以下主要结论及政策建议。

第一，对于本书的第一个问题，本研究发现，“分税制”改革之后的中国地方政府要素市场扭曲程度的提升会导致实际汇率贬值，要素市场扭曲通过生产率渠道造成实际汇率贬值。这是由于地方政府对经济绩效的追求使自身热衷于引导要素资源的流动，使地方政府对经济体的干预、引导更加朝向经济绩效的方向，但各区域、各部门间要素边际报酬会趋于均衡，扭曲要素市场也成为地方经济形成低成本竞争优势的手段，要素市场扭曲通过可贸易品部门劳动生产率这个渠道造成实际汇率贬值。

上述研究从政府视角分析了地方政府在现有财政框架下的选择和努力方向对实际汇率的影响，政策启示为各省市应立足于当前经济发展阶段及产业结构的区域特点，合理引导要素资源在各产业的配置，走出一条符合自身要素禀赋的发展之路。地方政府在配置劳动力、资本及土地资源时会选择性地扭曲要素价格以使产业配置符合当地政府的预期，但地方政府的行为并非与经济整体需求结构发生的变化相吻合。因此，片面地以扭曲要素市场的方式进行的产业升级或改造最终会伤害经济体的增长潜力，从而陷入生产率低迷的陷阱。随着“双循环”经济的启动，中国经济已经进入高质量发展阶段，中国最完整、规模最大的强大工业体系，为国内经济大循环提供了源源不断的动力，中国经济的新型工业化、信息化之路，客观要求地方政府坚定不移地立足超大规模的国内市场的现实需求，依托市场的力量推进要素资源的配置和流动，营造良好的营商环境，立足当前区域经济的要素禀赋特点和发展阶段，走出区域特色的经济发展之路。

第二，对于本书第二个问题，本研究发现，中国式财政分权衍生出的“以邻为壑”的激励机制催生出“分割市场”问题，分割市场程度的上升会导致实际汇率升值。其中，分割市场通过分配效应、竞争效应和制度环境效应对实际汇率产生影响，地方政府财政支出责任与市场分割式的经济增长模式紧密相关。

该部分研究从分割市场视角分析了财权分权背景下政府行为对实际汇率的影响，市场分割现象作为非市场化的典型事实，通常被赋予负面的标签。然而，分割市场对于当地即期和未来的经济增长都呈倒“U”形影响，同时，对于大部分样本而言，分割市场是有利于经济增长的，但以损失国内规模经济为代价（陆铭和陈钊，2009）。分割市场一方面禁锢了区域内的需求市场，同时使区域经济体更倚重国外市场，从而阻碍了国内外双循环经济体系的健康运行；另一方面，地方经济体利用自身的地理自然条件、政策优势等要素禀赋，形成压制其他经济体的相对优势，抑制了省际比较优势的发挥，阻碍了国内规模经济效应的发挥。

第三，政府的税收努力程度提升会显著导致实际汇率贬值。本研究在更换税收努力指标及考虑内生性问题的情况下重新进行了实证检验，同样支持本书的结论。之所以造成这样的结果，是由于政府通过征收税收架构的基础设施体系在不可贸易品部门实现了更高的基础设施产出弹性，导致不可贸易品部门相对劳动生产率的提升，使实际汇率贬值。同时，政府的税收努力程度还会通过居民消费渠道影响实际汇率。地方政府的财政自由度差异是导致其政府税收努力差异的重要原因。相比国税部门，地税部门具有极大的“税收征管空间”，地税部门的征管力度长期在标准尺度以下运行，导致其税收努力程度并不能显著改变企业部门的边际收益产品，而国税部门由于受到的制约较少，其税收努力程度的提升反而可以更容易影响企业利润最大化条件，从而使国税部门的税收努力程度提升，导致实际汇率显著贬值，而地税部门的税收努力程度的提升并不能显著影响实际汇率。

该部分研究有助于学界重新认识税收与实际汇率的关系，税收努力是财政分权背景下分税合同主导的契约激励的结果，政府税收努力对实际汇率造成的贬值效应，需要我们持续关注政府运用税收生产公共产品以服务社会经济的能力，合理的政府税收努力会有效转换为经济增长的动力；国税与地税的税收努力对实际汇率造成的差异影响，需要我们关注国税和地税在税收征管方面的差异。国税系统受到中央政府的直接制约和统筹，其税收努力的边际回报相对较低，而地税系统由于深耕于地方经济，如果愿意提高税收努力程度，其征税的潜力将高于国税系统（周黎安等，2012）。

本书根据“分税制”改革之后政府财政分权框架下的行为选择对实际汇率的影响进行了较深入的研究，如前言所述，其核心创新点在于剖析政府支出行为背后的逻辑与实际汇率的关系。同时，本书仍存在一些不足之处和需要改进拓展研究之处。

首先，在政府行为分析方面，本书着重从扭曲要素市场、分割产品市场及税收努力等方面考察地方政府行为对实际汇率的影响，但在现实经济环境中，特别是 1994 年“分税制”改革以来，中国的财税制度经历了“营改增”“省直管县”等系列变革，这些变革都从收入、权力等层面触动了地方政府的利益分配格局，这表明，中国财政分权体系下的政府行为绝不仅限于本书研究的三点，“土地财政”“政府规制”“地方政府转移支付依赖性”等问题都值得在实际汇率的框架下进一步研究。1994 年“分税制”改革为财政分权理论在中国的实践提供了宝贵的经验，但整体上认识这个改革的过程是漫长的。未来，中国式的财政分权改革还会遇到很多新的问题和挑战，导致各级政府产生新的行为模式，这点需要我们继续深入研究。

其次，在实际汇率方面，本书考察的是地方政府行为对省际内部实际汇率的影响，而没有考察地方政府行为对外部实际汇率及总体实际汇率的影响。虽然内部实际汇率与外部实际汇率及总体实际汇率之间有紧密的联系，但政府行为对实际汇率的影响机制可能会有所不同，这是本人未来会进一步发掘的领域。

再次，在数据方面，由于数据资源的可得性和多样性，使每一个问题的研究样本不尽相同，随着未来数据的更新，本人会继续拓展丰富研究内容。如在财政分权的测度上，根据本书的研究目的，本人选择了各省本级以下（包括市级及以下）预算内支出/全省预算内财政支出代理财政分权变量，而未纳入本书分析范围的财政分权测算方式还有十几种，随着未来研究的拓展，可能会陆续使用其他财政分权指标继续本研究；在要素市场扭曲变量的测算上，本书使用的是樊纲等（2011、2018）发布的《中国市场化指数》中的数据，但由于数据之间的衔接由基准数据核算完成，导致对要素市场扭曲程度的刻画不够精准，因此，随着未来新版本的《中国市场化指数》的发布，本人将继续矫正本研究的数据，以期更精准地匹配要素市场扭曲程度；在政府税收努力程度的测算中，由于《中国税务稽查年鉴》仅有2003—2008年鉴公布的各省市2002—2007年“查实率”数据作为稳健性检验的支撑，因此，稳健性检验部分的时间段太短，因此，本人希望未来能找到更“自然”的稳健性指标以支撑本研究的结论。

最后，本研究对要素市场扭曲、市场分割及税收努力内生性的处理较为粗糙，在未来的研究中，希望找到更新的方法、更好的工具变量以缓解内生性问题。

参考文献

[1] Alexius, A. Productivity shocks and real exchange rates [J]. Journal of Monetary Economics. 2005, 52 (3): 555 – 566.

[2] Aloy, M., Gente, K. The role of demography in the long – run Yen/USD real exchange rate appreciation [J]. Journal of Macroeconomics, 2009, 31 (4): 654 – 667.

[3] Annika, Alexius. Productivity shocks and real exchange rates [J]. Journal of Monetary Economics, 2005.

[4] Arthur, Lewbel. Using Heteroscedasticity to Identify and Estimate Mismeasured and Endogenous Regressor Models [J]. Journal of Business & Economic Statistics, 2012.

[5] Balassa, B. The Purchasing – Power Parity Doctrine: A Reappraisal [J]. Journal of Political Economy, 1964, 72 (6): 584 – 596.

[6] Balvers, R. J., Bergstrand, J. H. Government expenditure and equilibrium real exchange rates [J]. Journal of International Money and Finance, 2002, 21 (5): 667 – 692.

[7] Banerjee, A. V., Moll, B. Why does misallocation persist? [J]. American Economic Journal: Macroeconomics, 2010, 2 (1): 189 – 206.

[8] Bayoumi, T., Lee, J., Jayanthi, S. New rates from new weights [J]. IMF Staff Papers, 2006, 53 (2): 272 – 305.

[9] Beck, S., Coskuner, C. Tax Effects on the Real Exchange Rate [J]. Review of International Economics, 2010, 15.

[10] Berka, M., Devereux, M. B., Engel, C. Real exchange rates and sectoral productivity in the eurozone [J]. American Economic Review, 2018, 108 (6): 1543 - 1581.

[11] Betts, C. M., Kehoe, T. J. Real exchange rate movements and the relative price of non-traded goods [J]. National Bureau of Economic Research, 2008.

[12] Boldrin, M., Levine, D. K. Rent - seeking and innovation [J]. Journal of Monetary Economics, 2004, 51 (1): 127 - 160.

[13] Bordo, M. D., Choudhri, E. U., Fazio, G., MacDonald, R. The real exchange rate in the long run: Balassa - Samuelson effects reconsidered [J]. Journal of International Money and Finance, 2017, 75: 69 - 92.

[14] Braude, J. Age structure and the real exchange rate, 2000.

[15] Buera, F. J., Kaboski, J. P., Shin, Y. Finance and development: A tale of two sectors [J]. American economic review, 2011, 101 (5): 1964 - 2002.

[16] Chen, Y., Liu, D. Government spending shocks and the real exchange rate in China: Evidence from a sign - restricted VAR model [J]. Economic Modelling, 2018, 68: 543 - 554.

[17] Chinn, M. D. Productivity, government spending and the real exchange rate: Evidence for OECD countries [J]. Equilibrium exchange rates: Springer, 1999: 163 - 190.

[18] Chinn, M. D. The usual suspects? Productivity and demand shocks and Asia - Pacific real exchange rates [J]. Review of International Economics, 2000, 8 (1): 20 - 43.

[19] Choi, B. Y., Pyun, J. H. Does real exchange rate depreciation increase productivity? Analysis using Korean firm - level data [J]. The World Economy, 2018, 41 (2): 604 - 633.

[20] Choudhri, E. U., Schembri, L. L. Productivity, the terms of trade,

and the real exchange rate: Balassa - Samuelson Hypothesis Revisited [J]. Review of International Economics, 2010, 18 (5): 924 -936.

[21] Choudhri, E. U., Schembri, L. L. Productivity, commodity prices and the real exchange rate: The long - run behavior of the Canada - US exchange rate [J]. International Review of Economics & Finance, 2014, 29: 537 -551.

[22] Christopoulos, D. K., Gente, K., León - Ledesma, M. A. Net Foreign Assets, Productivity and Real Exchange Rates in Constrained Economies [J]. European Economic Review, 2012, 56 (3): 295 -316.

[23] De Gregorio, J., Giovannini, A., Wolf, H. C. International evidence on tradables and nontradables inflation [J]. European Economic Review, 1994, 38 (6): 1225 -1244.

[24] De Gregorio, J., Wolf, H. C. Terms of trade, productivity, and the real exchange rate [J]. National Bureau of Economic Research, 1994.

[25] de Ménil, G., Gordon, R. J. Exchange rates, inflation and structural change: An introduction [J]. European economic review, 1994, 38 (6): 1179 -1184.

[26] Devarajan, S., Lewis, J. D., Robinson, S. External shocks, purchasing power parity, and the equilibrium real exchange rate [J]. The World Bank Economic Review, 1993, 7 (1): 45 -63.

[27] Driscoll, J. C., Kraay, A. C. Consistent Covariance Matrix Estimation with Spatially Dependent Panel Data [J]. Review of Economics & Statistics, 1998, 80 (4): 549 -560.

[28] Dumitru, I., Jianu, I. The Balassa - Samuelson effect in Romania - The role of regulated prices [J]. European Journal of Operational Research, 2009, 194 (3): 873 -887.

[29] Edwards, S. Real exchange rates, devaluation, and adjustment: exchange rate policy in developing countries: MIT press Cambridge, MA,

1989.

[30] Engel, C. Real exchange rates and relative prices: An empirical investigation [J]. Journal of monetary economics, 1993, 32 (1): 35 -50.

[31] Engels, F., Konstantinou, P. T., Søndergaard, J. Productivity Trends and the Sterling Real Exchange Rates [J]. Review of International Economics, 2007, 15 (3): 612 -637.

[32] Flek, V., Marková, L., Podpiera, J. Sectoral productivity and real exchange rate appreciation: much ado about nothing? [M]. CNB, 2002.

[33] Frenkel, J. A., Razin, A., Yuen, C. -W. Fiscal policies and growth in the world economy: MIT press, 1996.

[34] Friberg, R. Two monies, two markets?: Variability and the option to segment [J]. Journal of International Economics, 2001, 55 (2): 317 -327.

[35] Galstyan, V., Lane, P. R. The composition of government spending and the real exchange rate [J]. Journal of Money, Credit and Banking, 2009, 41 (6): 1233 -1249.

[36] Grabowski, R., Self, S. Structural change in Asia, the real effective exchange rate, and agricultural productivity [J]. Journal of Economics and Finance, 2020, 44 (1): 198 -210.

[37] Gubler M, Sax C. The Balassa - Samuelson effect reversed: new evidence from OECD countries [J]. Swiss Journal of Economics and Statistics, 2019, 155 (1): 1 -21.

[38] Guner, N., Ventura, G., Xu, Y. Macroeconomic implications of size - dependent policies [J]. Review of Economic Dynamics, 2008, 11 (4): 721 -744.

[39] Guo, Q. Black market exchange rate versus official exchange rate: which one better reflects economic fundamentals?: an examination of the Balassa-Samuelson effect in China [M]. Imperial College London, 2007.

[40] Hansen, B. E. Threshold effects in non-dynamic panels: Estimation,

testing, and inference [J]. Journal of econometrics, 1999, 93 (2): 345 - 368.

[41] Harberger, A. C. The real exchange rate: issues of concept and measurement [D]. University of California, Los Angeles. 2004.

[42] Hinkle, L. E. , Nsengiyumva, F. External real exchange rates: Purchasing power parity, the Mundell - Fleming model, and competitiveness in traded goods [J]. Exchange Rate Misalignment: Concepts and Measurement World Bank, 1999.

[43] Hirsch, F. , Higgins, I. An indicator of effective exchange rates [J]. Staff Papers, 1970, 17 (3): 453 - 487.

[44] Hsieh C T, Klenow P J. Misallocation and manufacturing TFP in China and India [J]. The Quarterly journal of economics, 2009, 124 (4): 1403 - 1448.

[45] Imai H. China's rapid growth and real exchange rate appreciation: Measuring the Balassa - Samuelson effect [J]. Journal of Asian Economics, 2018, 54: 39 - 52.

[46] Irandoust, M. , Sjöö, B. Productivity and Real Exchange Rates: Some Empirical Examples [J]. Journal of Economic Integration, 2002: 527 - 553.

[47] Irmen, A. , Klump, R. Factor substitution, income distribution and growth in a generalized neoclassical model [J]. German economic review, 2009, 10 (4): 464 - 479.

[48] Jaewoo, L. , Tang, M. - K. Does Productivity Growth Lead to Appreciation of the Real Exchange Rate? [J]. International Monetary Fund, Working Paper, WP/03/154. 2003.

[49] Jeanneney, S. G. , Hua, P. , editors. Real exchange rate and productivity in China. 4th International Conference on the Chinese Economy [J]. The Efficiency of China's Economic Policy. October; 2003.

[50] Jeanneney, S. G., Hua, P. How does real exchange rate influence labour productivity in China? [J]. China Economic Review, 2011, 22 (4): 628 - 645.

[51] Kakkar, V., Yan, I. Real exchange rates and productivity: evidence from Asia [J]. Journal of Money, Credit and Banking, 2012, 44 (2 - 3): 301 - 322.

[52] Klau, M., Fung, S. S. The new BIS effective exchange rate indices [J]. BIS Quarterly Review, March, 2006.

[53] Lee, J., Tang, M. K. Does Productivity Growth Lead to Appreciation of the Real Exchange Rate? [J]. IMF Working Papers, 2006, 3 (154).

[54] Lewis, V. J. Productivity and the Euro - Dollar real exchange rate [J]. Review of World Economics, 2007, 143 (2): 324 - 348.

[55] Linder, S. B. An essay on trade and transformation [J]. Journal of Political Economy, 1961 (1): 171 - 172.

[56] McLeod, D., Mileva, E. Real exchange rates and productivity growth [J]. Fordham University Department of Economics Discussion Paper, 2011, 4: 1 - 27.

[57] Mercereau, B. Stock markets and the real exchange rate: An intertemporal approach [J]. Journal of International Money & Finance, 2006, 25 (7): 1130 - 1145.

[58] Miller, N. C. Productivity shocks, the real exchange rate, and the euro puzzle [J]. Journal of International Money and Finance, 2008, 27 (4): 499 - 515.

[59] Miyamoto, W., Nguyen, T. L., Sheremirov, V. The effects of government spending on real exchange rates: Evidence from military spending panel data [J]. Journal of International Economics, 2019, 116 (JAN.): 144 - 157.

[60] Modeste, N. The Determination of the Real Exchange Rate in Barba-

dos: An Application of the Wage – Productivity Approach [J]. Rivista internazionale discienze economiche ecommerciali, 1995, 42: 903 – 916.

[61] Naughton, B. How much can regional integration do to unify China's markets? [J]. How far across the river, 2003: 204 – 232.

[62] Nouira, R., Sekkat, K. What determines the extent of real exchange rate misalignment in developing countries? [J] International Economics, 2015, 141: 135 – 151.

[63] Oates, W. E. Fiscal federalism [M]. Books.

[64] Pal, S. Productivity Differential and Bilateral Real Exchange Rate between India and US [J]. Journal of Quantitative Economics, 2011: 146 – 155.

[65] Penati, A. Government spending and the real exchange rate [J]. Journal of International Economics, 1987, 22 (3 – 4): 237 – 256.

[66] Qian, Y., Weingast, B. R. Federalism as a commitment to reserving market incentives [J]. Journal of Economic perspectives, 1997, 11 (4): 83 – 92.

[67] Ravn, M. O., Schmitt – Grohé, S., Uribe, M. Consumption, government spending, and the real exchange rate [J]. Journal of Monetary Economics, 2012, 59 (3): 215 – 234.

[68] Rodrik, D. The real exchange rate and economic growth [J]. Brookings papers on economic activity, 2008 (2): 365 – 412.

[69] Samuelson, P. A. Theoretical notes on trade problmes [J]. Review of Economics and Statistics, 1964, 46: 145 – 154.

[70] Strauss, J. The cointegrating relationship between productivity, real exchange rates and purchasing power parity [J]. Journal of Macroeconomics, 1996, 18 (2): 299 – 313.

[71] Tica J, Družić I. The Harrod – Balassa – Samuelson effect: a survey of empirical evidence [J]. EFZG working paper series, 2006 (07): 1 – 38.

[72] Tiebout, C. M. A pure theory of local expenditures [J]. Journal of

political economy, 1956, 64 (5): 416 -424.

[73] Turner, P., Van't Dack, J. Measuring international price and cost competitiveness [D]. Bank for International Settlements Economic Paper, No. 39, 1993.

[74] Unalmis, I. Composition of the government spending and behaviour of the real exchange rate in a small open economy [J]. Central Bank Review, 2012, 10 (1): 1 -27.

[75] Unayama, T. Product Variety and Real Exchange Rates: The Balassa - Samuelson Model Reconsidered [J]. Journal of Economics, 2003, 79 (1): 41 -60.

[76] WANG, C. - f., YUE, Y. - x. The Relationship between RMB Real Exchange Rates and China's Two - sector Productivity Difference——An Empirical Analysis Based on the Balassa - Samuelson Effect [J]. Journal of Finance and Economics, 2006, 8.

[77] Weingast, B. R. The economic role of political institutions: Market - preserving federalism and economic development [J]. Journal of Law, Economics & Organization, 1995: 1 -31.

[78] Yang, B. Z., Zeng, T. A Note on the Real Currency Exchange Rate: Definitions and Implications [J]. Journal of International Business and Economics, 2014, 2 (4): 45 -55.

[79] Young, A. The razor's edge: Distortions and incremental reform in the People's Republic of China [J]. The Quarterly Journal of Economics, 2000, 115 (4): 1091 -1135.

[80] Zhang, T., Zou, H. - f. Fiscal decentralization, public spending, and economic growth in China [J]. Journal of public economics, 1998, 67 (2): 221 -240.

[81] 巴曙松，何师元，朱伟豪．中国三次产业劳动生产率与单位劳动成本的国际比较研究［J］．当代经济管理，2019，41（02）：1 -8.

［82］白重恩，杜颖娟，陶志刚，仝月婷．地方保护主义及产业地区集中度的决定因素和变动趋势［J］．经济研究，2004（04）：29－40.

［83］边维慧，李自兴．财政分权：理论与国外实践［J］．国外社会科学，2008（03）：26－32.

［84］卞元超，白俊红．市场分割与中国企业的生存困境［J］．财贸经济，2021（01）：1－16.

［85］蔡潇，刘卫东，吕添贵．投资视角下土地财政与经济增长的互动关系［J］．经济问题探索，2017（04）：10－17.

［86］陈经伟，姜能鹏．资本要素市场扭曲对企业技术创新的影响：机制、异质性与持续性［J］．经济学动态，2020（12）：106－124.

［87］陈科，吕剑．人民币实际汇率变动趋势分析——基于巴拉萨－萨缪尔森效应［J］．财经科学，2008（03）：30－36.

［88］陈浪南，陈云．人民币内向实际汇率均衡水平与错位程度测算：1997—2007［J］．南开经济研究，2008（05）：3－17，71.

［89］陈少晖，李丽琴．中国式财政分权下地方公共产品供给的实证研究［J］．福建论坛（人文社会科学版），2013（10）：12－17.

［90］陈硕，高琳．央地关系：财政分权度量及作用机制再评估［J］．管理世界，2012（06）：43－59.

［91］陈晓光．财政压力、税收征管与地区不平等［J］．中国社会科学，2016（4）：53－70.

［92］陈云，陈浪南，林伟斌．人民币内向均衡实际汇率与错位测算：1997—2007［J］．统计研究，2009，26（03）：8－16.

［93］陈志勇，陈莉莉．财税体制变迁、“土地财政”与经济增长［J］．财贸经济，2011（12）：24－29，134.

［94］陈智君，施建淮．经济均衡的产业结构与人民币内部实际汇率［J］．国际金融研究，2015（05）：67－75.

［95］池光胜．人口老龄化与实际有效汇率的实证研究——基于全球187个国家30年数据的面板分析［J］．金融研究，2013（02）：129－141.

[96] 储德银，邵娇，迟淑娴. 财政体制失衡抑制了地方政府税收努力吗？[J]. 经济研究，2019 (10).

[97] 崔华泰. 我国土地财政的影响因素及其溢出效应研究 [J]. 数量经济技术经济研究，2019，36 (08)：92 –110.

[98] 戴圣涛，卜京. 中国居民消费内需不足的经济解释：基于性别比失衡视角 [J]. 上海金融，2019 (9).

[99] 邓明. 中国地区间市场分割的策略互动研究 [J]. 中国工业经济，2014 (02)：18 –30.

[100] 邓晓兰. 财政分权、公共品供应与地方投融资体制改革 [J]. 科学·经济·社会，2006 (01)：73 –76，84.

[101] 杜雪君，黄忠华，吴次芳. 中国土地财政与经济增长——基于省际面板数据的分析 [J]. 财贸经济，2009 (01)：60 –64.

[102] 鄂永健，丁剑平. 差别消费权重、生产率与实际汇率：动态一般均衡模型对巴拉萨 – 萨缪尔森假说的扩展 [J]. 世界经济，2007 (03)：49 –58.

[103] 范欣，宋冬林. 税收竞争与市场分割 [J]. 商业研究，2020 (04)：93 –102.

[104] 范言慧，席丹，边江泽. 不同部门的 FDI 流入与人民币实际汇率 [J]，金融研究. 2013 (08)：30 –43.

[105] 范言慧，席丹，赵家悦. 金融发展与人民币实际汇率 [J]. 财经研究，2015，41 (3)：111 –120.

[106] 范子英，张军. 财政分权、转移支付与国内市场整合 [J]. 经济研究，2010，45 (03)：53 –64.

[107] 冯军旗. 中县“政治家族”现象调查 [N]. 南方周末，2011 –09 –01 (B09).

[108] 付才辉. 市场、政府与两极分化——一个新结构经济学视角下的不平等理论 [J]. 经济学 (季刊)，2017 (01)：1 –44.

[109] 盖庆恩，朱喜，程名望，史清华. 要素市场扭曲、垄断势力与

全要素生产率［J］. 经济研究，2015，50（05）：61－75.

［110］高慧清，张碧琼. 开放经济条件下财政支出冲击效应研究——基于人民币实际汇率传递的视角［J］. 国际贸易问题，2020（08）：147－163.

［111］高培勇. 中国税收持续高速增长之谜［J］. 经济研究，2006（12）：13－23.

［112］郭庆旺，贾俊雪. 中国潜在产出与产出缺口的估算［J］. 经济研究，2004（05）：31－39.

［113］韩嘉莹，沈悦. 二元经济条件下巴拉萨－萨缪尔森效应分析［J］. 上海金融，2012（10）：3－7，116.

［114］何逢阳. 中国式财政分权体制下地方政府财力事权关系类型研究［J］. 学术界，2010（05）：17－26.

［115］胡德宝，苏基溶. 政府消费、贸易条件、生产率与人民币汇率——基于巴拉萨－萨缪尔森效应的扩展研究［J］. 金融研究，2013（10）：42－54.

［116］胡德宝，苏基溶. 外商直接投资、技术进步及人民币实际汇率——基于巴拉萨－萨缪尔森模型的实证分析［J］. 国际金融研究，2015（06）：76－84.

［117］胡军，郭峰. 企业寻租、官员腐败与市场分割［J］. 经济管理，2013，35（11）：36－47.

［118］胡再勇. 人民币均衡实际汇率及错位程度的测算研究：1960—2005［J］. 数量经济技术经济研究，2008（03）：17－29.

［119］黄寿峰，邓宇铭. 财政压力、企业要素投入扭曲与经济绩效［J］. 财政研究，2020（03）：85－100.

［120］贾俊雪. 中国财政分权、地方政府行为与经济增长［M］. 北京：中国人民大学出版社，2015：467.

［121］贾俊雪，应世为. 财政分权与企业税收激励——基于地方政府竞争视角的分析［J］. 中国工业经济，2016，000（010）：23－39.

[122] 江红莉，蒋鹏程．财政分权、技术创新与经济增长质量［J］．财政研究，2019（12）：75－86.

[123] 蒋青嬗，黄灿，李毅君．内生性随机前沿模型估计方法研究：无需工具变量的 Copula 方法［J］．统计研究，2019，36（06）：115－128.

[124] 金戈．中国基础设施与非基础设施资本存量及其产出弹性估算［J］．经济研究，2016（5）：41－56.

[125] 金人庆．中国当代税收要论［M］．2002.

[126] 匡小平，卢小祁．财政分权、地方财政赤字与土地财政——来自中部欠发达地区 J 省的经验证据［J］．中南财经政法大学学报，2012（01）：61－64，127，143.

[127] 李国璋，刘津汝．财政分权、市场分割与经济增长——基于1996—2007 年分省面板数据的研究［J］．经济评论，2010（05）：95－102,111.

[128] 李鲁，王磊，邓芳芳．要素市场扭曲与企业间生产率差异：理论及实证［J］．财经研究，2016，42（09）：110－120.

[129] 李齐云，马万里．中国式财政分权体制下政府间财力与事权匹配研究［J］．理论学刊，2012（11）：38－43.

[130] 李胜兰，初善冰，申晨．地方政府竞争、环境规制与区域生态效率［J］．世界经济，2014，37（04）：88－110.

[131] 李涛．财政分权背景下的土地财政：制度变迁、收益分配和绩效评价［J］．经济学动态，2012（10）：27－33.

[132] 李婉．财政分权与地方政府支出结构偏向——基于中国省级面板数据的研究［J］．上海财经大学学报，2007（05）：75－82.

[133] 李言．中国要素价格扭曲的成因、测度与经济效应［J］．当代经济管理，2020，42（07）：1－8.

[134] 李永，王砚萍，孟祥月．要素市场扭曲是否抑制了国际技术溢出［J］．金融研究，2013（11）：140－153.

[135] 林伯强．人民币均衡实际汇率的估计与实际汇率错位的测算

[J]. 经济研究, 2002 (12): 60-69, 92.

[136] 林峰, 赵焱. 财政支出、实际汇率与中国净出口波动——基于SV-TVP-SVAR模型的动态识别 [J]. 国际金融研究, 2018 (04): 33-43.

[137] 林桐, 王文甫. 财政分权对政府支出乘数的影响: 促进还是抑制 [J]. 现代财经 (天津财经大学学报), 2017, 37 (09): 28-39.

[138] 林毅夫, 刘志强. 中国的财政分权与经济增长 [J]. 北京大学学报 (哲学社会科学版), 2000 (04): 5-17.

[139] 刘秉镰, 武鹏, 刘玉海. 交通基础设施与中国全要素生产率增长——基于省域数据的空间面板计量分析 [J]. 中国工业经济, 2010 (03): 54-64.

[140] 刘晨跃, 徐盈之. 市场化、结构性产能过剩与环境污染——基于系统GMM与门槛效应的检验 [J]. 统计研究, 2019, 36 (01): 51-64.

[141] 刘成奎, 桂大一. 财政分权、民主、媒体意识对农村公共产品供给影响分析——以我国农村公路为例 [J]. 当代经济科学, 2009, 31 (05): 44-51, 125.

[142] 刘戒骄. 竞争中性的理论脉络与实践逻辑 [J]. 中国工业经济, 2019 (06): 5-21.

[143] 刘来会, 徐坡岭. 劳动力价格扭曲对人民币实际汇率的影响: 理论与实证研究 [J]. 世界经济研究, 2018 (01): 42-52, 134-135.

[144] 刘啟仁, 黄建忠. 异质出口倾向、学习效应与"低加成率陷阱" [J]. 经济研究, 2015, 50 (12): 143-157.

[145] 刘小勇. 财政分权与区域市场一体化再检验——基于面板分位数回归的实证研究 [J]. 经济经纬, 2012 (05): 11-16.

[146] 刘小勇, 李真. 财政分权与地区市场分割实证研究 [J]. 财经研究, 2008 (02): 88-98.

[147] 刘怡, 刘维刚. 税收分享对地方征税努力的影响——基于全国

县级面板数据的研究［J］. 财政研究，2015（03）：30－36.

［148］刘竹青，佟家栋．要素市场扭曲、异质性因素与中国企业的出口－生产率关系［J］. 世界经济，2017，40（12）：76－97.

［149］柳光强．税收优惠、财政补贴政策的激励效应分析——基于信息不对称理论视角的实证研究［J］. 管理世界，2016，000（10）：62－71.

［150］卢锋．人民币实际汇率之谜（1979—2005）——基于事实比较和文献述评的观察［J］. 经济学（季刊），2006（02）：635－674.

［151］卢洪友，卢盛峰，陈思霞．“中国式财政分权”促进了基本公共服务发展吗？［J］. 财贸研究，2012，23（06）：1－7.

［152］卢真，李升，谭云．从优化税务营商环境角度看国税地税征管体制改革［J］. 税务研究，2018（8）：18－20.

［153］鲁元平，杨灿明．财政分权、地方政府支出偏好与居民幸福感——基于分税制后的中国经验证据［J］. 中南财经政法大学学报，2013（04）：3－12，20，158.

［154］陆铭，陈钊．分割市场的经济增长——为什么经济开放可能加剧地方保护？［J］. 经济研究，2009，44（03）：42－52.

［155］陆前进．出生率、政府健康支出与实际汇率［J］. 财贸经济，2017，38（12）：51－65.

［156］陆前进，温彬．财政支出、贸易条件和中国的实际汇率——基于期内和跨期双重优化和无限期预算约束的理论和实证研究［J］. 金融研究，2014（06）：115－131.

［157］罗清．实际有效汇率［J］. 国际金融研究，1988（02）：55－56.

［158］罗伟卿．财政分权是否影响了公共教育供给——基于理论模型与地级面板数据的研究［J］. 财经研究，2010，36（11）：39－50.

［159］罗晓辉，胡珑瑛，万丛颖．结构趋同与“优势企业扶持”政策的创新激励效应——来自于地方政府同质化竞争的解释［J］. 管理世界，

2018，34（12）：187－189.

［160］吕冰洋，郭庆旺．中国税收高速增长的源泉：税收能力和税收努力框架下的解释［J］．中国社会科学，2011，000（2）：76－90.

［161］马丹．人口年龄结构影响人民币实际汇率的传导机制识别——基于中国对世界面板数据的实证研究［J］．金融研究，2014，000（005）：65－79.

［162］马恩涛．财政分权、溢出性产品及其使用费竞争［J］．经济评论，2009（05）：46－53.

［163］马光荣，李力行．政府规模、地方治理与企业逃税［J］．世界经济，2012（6）：93－114.

［164］马光荣，杨恩艳，周敏倩．财政分权、地方保护与中国的地区专业化［J］．南方经济，2010（01）：15－27.

［165］马万里，李齐云．从“援助之手”到“攫取之手”：地方政府行为差异的政治经济学分析［J］．财政研究，2017（01）：77－88.

［166］毛其淋．要素市场扭曲与中国工业企业生产率——基于贸易自由化视角的分析［J］．金融研究，2013（02）：156－169.

［167］梅冬州，吴梦涛，钱铁峰，谭松涛．收入不平等、政府支出与实际汇率——基于跨国面板数据的研究［J］．金融研究，2020（04）：31－47.

［168］孟望生．劳动力性别结构影响经济增长效率吗？——对“男女搭配，干活不累”的一个解释［J］．经济与管理研究，2019，40（09）：39－53.

［169］秦宛顺，靳云汇，卜永祥．人民币汇率水平的合理性——人民币实际汇率与均衡汇率的偏离度分析［J］．数量经济技术经济研究，2004（07）：28－32，110.

［170］冉茂盛，陈健，黄凌云，黄萍．人民币实际汇率失调程度研究：1994—2004［J］．数量经济技术经济研究，2005（11）：46－51.

［171］任鹏．政策冲突中地方政府的选择策略及其效应［J］．公共管

理学报，2015，12（01）：34-45，154-155.

［172］任志成，张二震，吕凯波．贸易开放、财政分权与国内市场分割［J］．经济学动态，2014（12）：44-52.

［173］沈坤荣，付文林．税收竞争、地区博弈及其增长绩效［J］．经济研究，2006（06）：16-26.

［174］盛斌，陈镜宇．人口年龄结构与实际汇率——基于跨国数据的研究［J］．世界经济文汇，2016（03）：1-20.

［175］盛丹，王永进．中国企业低价出口之谜——基于企业加成率的视角［J］．管理世界，2012（05）：8-23.

［176］石绍宾，尹振东，汤玉刚．财政分权、融资约束与税收政策周期性［J］．经济研究，2019，54（09）：90-105.

［177］史贞．财政分权与企业全要素生产率：促进还是抑制？——基于地方政府行为的实证检验［J］．贵州社会科学，2020（04）：114-122.

［178］孙开，张磊．分权程度省际差异、财政压力与基本公共服务支出偏向——以地方政府间权责安排为视角［J］．财贸经济，2019，040（8）：18-32.

［179］孙雁冰．税制结构、税制改革与产业结构变化——采用工具变量法的一项实证研究［J］．产经评论，2018，9（1）：49-60.

［180］孙英杰，林春．财政分权背景下政府债务对全要素生产率的影响［J］．华东经济管理，2019，33（03）：86-93.

［181］谭洪波．中国要素市场扭曲存在工业偏向吗？——基于中国省级面板数据的实证研究［J］．管理世界，2015，000（012）：96-105.

［182］唐虹．全球化和地方政府角色优势［J］．太平洋学报，2005（05）：76-80.

［183］唐翔．“富人社区效应”还是巴拉萨-萨缪尔森效应？——一个基于外生收入的实际汇率理论［J］．经济研究，2008（05）：140-148.

［184］唐旭，钱士春．相对劳动生产率变动对人民币实际汇率的影响分析——哈罗德-巴拉萨-萨缪尔森效应实证研究［J］．金融研究，2007

(05)：1－14.

［185］陶然，陆曦，苏福兵，汪晖．地区竞争格局演变下的中国转轨：财政激励和发展模式反思［J］．经济研究，2009，44（07）：21－33.

［186］田先红．弹性财政：基层化缘行为及其解释［J］．西北师大学报（社会科学版），2021，58（02）：5－15.

［187］王苍峰，岳咬兴．人民币实际汇率与中国两部门生产率差异的关系——基于巴拉萨－萨缪尔森效应的实证分析［J］．财经研究，2006（08）：71－80.

［188］王传纶．汇价指数及其应用［J］．国际金融研究，1986（1）：27－30.

［189］王定祥，刘杰，李伶俐．财政分权、银行信贷与全要素生产率［J］．财经研究，2011，37（04）：69－79.

［190］王明成．政府支出与私人消费关系的实证检验：基于财政分权的视角［J］．南方经济，2012（08）：76－86.

［191］王明涛，谢建国．寻租、市场分割与企业超额回报——基于中国制造业企业的经验研究［J］．经济科学，2019（03）：67－79.

［192］王明涛，谢建国．中国出口企业“低加成率悖论”：基于市场分割的再检验［J］．经济评论，2020（05）：63－81.

［193］王任飞，王进杰．中国基础设施的产出弹性与最优规模——基于总量生产函数的研究［J］．经济科学，2006（02）：99－111.

［194］王维．相对劳动生产力对人民币实际汇率的影响［J］．国际金融研究，2003（08）：11－17.

［195］王文甫，王召卿，郭柃沂．财政分权与经济结构失衡［J］．经济研究，2020，55（05）：49－65.

［196］王雪珂，姚洋．两国相对生产率与巴拉萨－萨缪尔森效应：一个经验检验［J］．世界经济，2013，036（6）：18－35.

［197］王晔，臧日宏．我国财政分权体制对农村公共产品供给的影响［J］．经济问题，2014（06）：107－111.

[198] 王永钦，张晏，章元，陈钊，陆铭．中国的大国发展道路——论分权式改革的得失 [J]．经济研究，2007 (01)：4-16.

[199] 王泽填，姚洋．结构转型与巴拉萨-萨缪尔森效应 [J]．世界经济，2009 (04)：38-49.

[200] 温忠麟，叶宝娟．中介效应分析：方法和模型发展 [J]．心理科学进展，2014，22 (05)：731-745.

[201] 吴群，李永乐．财政分权、地方政府竞争与土地财政 [J]．财贸经济，2010 (07)：51-59.

[202] 吴延兵．中国式分权下的偏向性投资 [J]．经济研究，2017，52 (06)：137-152.

[203] 伍格致，游达明．环境规制对技术创新与绿色全要素生产率的影响机制：基于财政分权的调节作用 [J]．管理工程学报，2019，33 (01)：37-50.

[204] 席鹏辉，梁若冰．省以下财政分权、地方政府行为与非税收入——来自闽、浙、赣三省的实证证据 [J]．山西财经大学学报，2014，36 (07)：15-24.

[205] 谢平，陆磊．资源配置和产出效应：金融腐败的宏观经济成本 [J]．经济研究，2003 (11)：3-13，91.

[206] 信春霞．分税制下中央与地方财权事权的博弈关系 [J]．四川财政，1998 (08)：10-13.

[207] 徐冬阳，刘晓辉．2018．巴拉萨-萨缪尔森效应研究：一个文献综述 [D]．西南财经大学．

[208] 徐国希，王少平．中值无偏估计及其 Bootstrap 仿真计算——以人民币实际汇率半生命期的中值无偏估计计算为例 [J]．数量经济技术经济研究，2005，22 (11)：78-85.

[209] 徐建炜．城乡劳动力市场分割与人民币实际汇率 [J]．南方经济，2012 (09)：92-101.

[210] 徐建炜，杨盼盼．理解中国的实际汇率：一价定律偏离还是相

对价格变动？[J]. 经济研究，2011，46（07）：78－90，115.

［211］薛白，赤旭. 土地财政、寻租与经济增长［J］. 财政研究，2010（02）：27－30.

［212］杨灿明. 地方政府行为与区域市场结构［J］. 经济研究，2000（11）：58－64.

［213］杨继东，杨其静. 制度环境、投资结构与产业升级［J］. 世界经济，2020，43（11）：52－77.

［214］杨盼盼，徐建炜. 实际汇率的概念、测度及影响因素研究：文献综述［J］. 世界经济，2011，34（09）：66－94.

［215］杨晓姝，刘文龙，林凯琳. 国税地税机构合并对规范地方政府税收行为的逻辑解析及延伸思考［J］. 税务研究，2019，412（5）：92－96.

［216］杨艳林. 金融开放与实际汇率的长期决定因素［J］. 经济科学，2012（06）：68－79.

［217］杨长江，皇甫秉超. 人民币实际汇率和人口年龄结构［J］. 金融研究，2010（02）：52－67.

［218］杨长江，任栋. 人力资本结构演进与实际汇率变动［J］. 世界经济，2011，34（02）：14－38.

［219］杨长江，石欢，裘佳杰. 收入平等性与实际汇率［J］. 金融研究，2014（10）：86－101.

［220］杨志勇. 中国财政70年：建立现代财政制度［J］. China Economist，2019，14（01）：66－93.

［221］殷德生. 政府支出与均衡实际汇率［J］. 世界经济，2004，027（001）：23－28.

［222］尹振东，聂辉华. 腐败、官员治理与经济发展［J］. 经济学（季刊），2020，19（02）：411－432.

［223］余东华，张昆. 要素市场分割、产业结构趋同与制造业高级化［J］. 经济与管理研究，2020，41（01）：36－47.

［224］余明桂，回雅甫，潘红波．政治联系、寻租与地方政府财政补贴有效性［J］．经济研究，2010（3）：65－77.

［225］余泳泽，刘大勇．“中国式财政分权”与全要素生产率：“竞次”还是“竞优”［J］．财贸经济，2018，39（01）：23－37，83.

［226］郁建兴，高翔．地方发展型政府的行为逻辑及制度基础［J］．中国社会科学，2012（05）：95－112，206－207.

［227］俞乔．购买力平价、实际汇率与国际竞争力——关于测算我国加权实际汇率指数的理论方法［J］．金融研究，2000（01）：57－62.

［228］袁从帅，白玉，吴辉航．晋升激励与税收征管——来自断点回归的证据［J］．财经论丛，2020（02）：31－41.

［229］袁方成，姜煜威．“晋升锦标赛”依然有效？——以生态环境治理为讨论场域［J］．公共管理与政策评论，2020，9（03）：62－73.

［230］詹新宇，刘文彬．中国式财政分权与地方经济增长目标管理——来自省、市政府工作报告的经验证据［J］．管理世界，2020，36（03）：23－39，77.

［231］詹新宇，苗真子．地方财政压力的经济发展质量效应——来自中国282个地级市面板数据的经验证据［J］．财政研究，2019（06）：57－71.

［232］张斌．人民币真实汇率：概念、测量与解析［J］．经济学（季刊），2005，4（002）：317－334.

［233］张光．测量中国的财政分权［J］．经济社会体制比较，2011（06）：48－61.

［234］张杰，周晓艳，李勇．要素市场扭曲抑制了中国企业 R&D?［J］．经济研究，2011（08）：78－91.

［235］张伦伦．税收分成规则变化对我国财政收入格局的影响［J］．税务研究，2006（04）：3－7.

［236］张睿，张勋，戴若尘．基础设施与企业生产率：市场扩张与外资竞争的视角［J］．管理世界，2018，34（01）：88－102.

［237］张少华．财政支出对实际汇率的冲击效应研究——基于 OECD 国家的 PVAR 估计［J］．国际金融研究，2010（11）：11－19.

［238］张学良．中国交通基础设施与经济增长的区域比较分析［J］．财经研究，2007（08）：51－63.

［239］章文光，刘志鹏．注意力视角下政策冲突中地方政府的行为逻辑——基于精准扶贫的案例分析［J］．公共管理学报，2020，17（04）：152－162，176.

［240］赵登峰．几种不同人民币实际汇率指数的测算与比较［J］．统计与决策，2006（03）：38－39.

［241］赵进文，苏明政．劳动力市场分割、金融一体化与巴拉萨－萨缪尔森效应——基于省际面板平滑转换模型的检验［J］．金融研究，2014（01）：16－28.

［242］赵卿，曾海舰．中国式产业政策引致产能过剩吗——基于中国工业行业面板数据的经验分析［J］．华中科技大学学报（社会科学版），2017，31（03）：75－85.

［243］赵文哲，杨继东．地方政府财政缺口与土地出让方式——基于地方政府与国有企业互利行为的解释［J］．管理世界，2015（04）：11－24.

［244］钟春平，陈亮，薛翠英．税收压力、资本挤占与工资份额——基于中国制造业上市公司数据的研究［J］．当代财经，2016（10）：3－14.

［245］周彬，周彩．土地财政、产业结构与经济增长——基于 284 个地级以上城市数据的研究［J］．经济学家，2018（05）：39－49.

［246］周黎安．晋升博弈中政府官员的激励与合作——兼论我国地方保护主义和重复建设问题长期存在的原因［J］．经济研究，2004（06）：33－40.

［247］周黎安，陶婧．官员晋升竞争与边界效应：以省区交界地带的经济发展为例［J］．金融研究，2011（03）：15－26.

[248] 周黎安，刘冲，厉行．税收努力、征税机构与税收增长之谜 [J]．经济学（季刊），2012，11（01）：1-18.

[249] 周黎安．转型中的地方政府：官员激励与治理（第二版）[M]．上海：格致出版社，2017.

[250] 周业安，章泉．财政分权、经济增长和波动 [J]．管理世界，2008（03）：6-15，186.

[251] 朱富强．如何健全我国的财政分权体系？——兼论土地财政的成因及其双刃效应 [J]．学术评论，2012（03）：33-45.

[252] 朱雅玲．晋升锦标赛下地方政府竞争对消费结构的影响——基于公共品供给竞争视角 [J]．中国经济问题，2019（05）：76-93.

[253] 朱希伟，金祥荣，罗德明．国内市场分割与中国的出口贸易扩张 [J]．经济研究，2005（12）：68-76.

后　记

在本课题研究过程中，财政分权的测算曾屡次使我陷入困境之中。在现有的测度中国分省财政分权的文献中，学者们提出了几十种测度财政分权的方法，且不同方法背后基于不同的事实和逻辑设计。在众多测算方式中找寻适合本研究的那个，成为最初首要解决的问题。国际货币基金组织的《政府财政统计》中，计量财政分权的重要指标就是地方政府支出的百分比，但具体到一个省，是选用省级、市级还是县级，则会对地方政府的行为逻辑造成重大影响。

分权背景下政府行为的认定也是极具困惑的问题，现实中很难将分权背景下的政府行为和非分权背景下的政府行为区分开。为了遵循本研究的核心立意和定位，本书选择了扭曲要素市场、分割产品市场和税收努力三个角度研究政府行为。要素市场的扭曲问题至今仍然显著存在。2020 年党中央、国务院第一次对推进要素市场化配置改革进行总体部署并明确了要素市场制度建设的方向和重点改革任务，由此可见，要素市场扭曲的问题是相当大的。要素市场的问题是伴随着财政分权逐渐放大的，地方政府的财政权力在资本、劳动力及资源等方面充分扩张，与地方政府的利益深度捆绑，形成事实隐秘的租金；市场分割则是基于分权激励下的地方政府竞争而形成的，分割可能会产生局部利益，并可能促使官员在“晋升锦标赛”中获胜，对实际汇率的影响则通过市场分割造成的分配效应、竞争效应及制度环境效应来传递。要素市场扭曲和产品市场分割的问题其实互有渗透，但核心出发点不同。要素市场扭曲是基于扭曲对当地要素市场的破坏，而市场分割更多的是基于利益主体在分割背景下的选择。最后是税收努力的部分，税收努力与实际汇率的文献极少，合适的立意点必须考虑政府行为的效应函数，即税收努力从何而来，向何而去。税收取之于民，用之于民，政府税收涉及的“取”和“用”成为本书关注的核心，即基于税收搭建的基础设施是否促进了不可贸易品部门的发展及对居民消费的影响。

由于数据有限及理论机制的不成熟，本研究并未能把所有政府行为与实际汇率进行研究，这可能是本书的一大缺憾。未来我希望在找到理论机制的前提下，能进一步细化并拓展财权分权背景下的地方政府行为对实际汇率的影响的研究。

在我读博的五年间，我的导师刘晓辉老师给予了我极大的帮助，伴随我在学术道路上逐步成长。读博之初，我的心态很浮躁，总幻想能快速毕业，着急忙慌地写了很多工作论文。刘老师对我进行了无数次劝解，让我试着放空自己，然后再回到研究轨道上来，这个方法让我至今受用。

望着老师给我购买的几箱专业书籍，感觉很对不起老师，很多书我没能认真阅读。刘老师对学术研究一丝不苟，容不得些许瑕疵，对我的要求也相当严格，对我的工作论文，进行了一行行的批注，并召集同门一起找问题、提建议。遇到刘老师是我的幸运，是刘老师把我从弯路上一次次拉回来，我可能是最让老师费心的学生了……

在这里，还要感谢张璟老师及我的同门，徐冬阳、亢宇君、吴建利、揭鸿篇、周治灏、王萌萌、高子鑫、任建武、杨雄飞、郑双、左依禾，你们为我的工作论文和毕业论文都提出了宝贵的意见和建议，你们提出的修正意见，拓宽了我的研究思路。

感谢西南财经大学中国金融研究中心的老师们，刘锡良老师、王擎老师、倪克勤老师、曹廷贵老师、董青马老师、洪正老师、王鹏老师、莫建明老师、胡颖毅老师、张琳老师、尚玉皇老师、温晓倩老师、潘志远老师、付一书老师、许坤老师、李雪老师、宫志方老师、倪灵运老师，您们为我在博士期间的学习生活提供了系列帮助，使我能顺利完成学业。

感谢西南民族大学经济学院的老师们，伍艳老师、郑长德老师、黄毅老师、周克老师、何雄浪老师，您们为我开启了学术研究之门。

感谢西南财经大学中国金融研究中心 2015 级博士班的同学们，孙显超、刘建清、杨海波、杜金泉、咬亮、冯晓菲、徐冬阳、文书洋、袁齐、冯传奇、李元、周彬蕊、张硕楠，一起学习的时光短暂而又美好。

最后还要感谢我的父母和岳父岳母、妻子，还有女儿李玫漪，你们是我强大的后盾和依靠。

李俊峰

2022 年 11 月